抗日英雄小故事系列

许国璋

陈　玲　编著
周东升　汪　铮　主编

团结出版社

图书在版编目（C I P）数据

许国璋 / 陈玲编著. -- 北京 : 团结出版社,
2014.12
（抗日英雄小故事系列 / 周东升，汪铮主编）
ISBN 978-7-5126 2998-1

Ⅰ. ①许… Ⅱ. ①陈… Ⅲ. ①许国璋（1897～1943）
－传记－青少年读物 Ⅳ. ①K825.2-49

中国版本图书馆 CIP 数据核字(2014)第 165742 号

出　版：团结出版社
（北京市东城区东皇城根南街 84 号　邮编：100006）
电　话：（010）65228880　65244790（出版社）
（010）65238766　85113874　65133603（发行部）
（010）65133603（邮购）
网　址：http://www.tjpress.com
E-mail：65244790@163.com（出版社）
fx65133603@163.com（发行部邮购）
经　销：全国新华书店
印　装：北京艺堂印刷有限公司

开　本：170mm×240mm　　1/16
印　张：8
字　数：76 千字
印　数：3000
版　次：2015 年 8 月　第 1 版
印　次：2015 年 8 月　第 1 次印刷

书　号：978-7-5126-2998-1
定　价：17.00 元

目 录

第一章 川内崭露锋芒

第一节 少年意风发，立志救国难

许国璋，字宪廷，1898 年出生于四川成都一个非常贫穷的农民家庭。

小时候，勤劳朴实的父亲就意味深长地教育他说：“孩子，我不指望你能成为像岳飞那样精忠报国的大将军。但是希望你能用功地读书，将来成为一个有用的人。不要像你的父亲只能在地里干农活，大字不识一个，走出去让人笑话。”年少的许国璋认真地点点头，他幼小的心早就懂得了父亲养育他的艰难，也明白父母送他去私塾念书的良苦用心。憨厚的父亲在炎炎的夏日辛苦劳作的身影以及朴素的母亲在油灯下缝补的情景都深深地印在他的脑海中。全家省吃俭用才能凑齐自己去私塾念书的学费。于是他暗暗下定决心，一定要好好读书，不让父母失望。

许国璋天资聪颖，总是能够很快地学会和背诵私塾先生教的《论语》。再加上他的勤学苦读，因此他经常得到先生的夸奖，但是他并不骄傲自满。先生常常对学生说：“你们啊，多向他学习学习。他那么聪明，还那么勤奋……”先生认为他是个可造之才，私下里就把《史记》《三国演义》等历史书籍拿

给他读，并且摸着他的小脑袋瓜对他说："国璋啊，先生已经老了，再不能有什么大作为了，你得好好发挥你的聪明才智，今后才能成为国家的栋梁之材啊。"为了不辜负先生对自己的期望，在同伴们都在玩耍的时候，他总是找个安静的地方，认认真真地阅读那些史书。有时，他在窗边全神贯注地学习，连他母亲叫他吃饭，他都听不见。母亲将饭菜端到他身边时，他才发觉自己饿了，对母亲说："娘，您做的饭菜真香，闻到它的味儿，我都饿了。"母亲微笑着，拍拍他的肩膀，心疼地说："喜欢吃就好，看书累了，就休息一下，不要累坏了身子。"说罢，就默默地走开。许国璋被史书中那些英雄人物的传奇故事深深地吸引了，比如西汉时期有个骠骑将军叫霍去病，天生就骁勇善战，大破匈奴，让敌人闻风丧胆；三国时期，有个武圣将军叫关云长，忠肝义胆，护刘抗魏，受后人敬仰等等。这些故事都在他心中生根发芽，他常常在内心幻想着自己可以像这些英雄那样为国尽忠效力。

许国璋慢慢地长大，他的青少年时期正逢国家山河破碎，动荡不安的年代。1911 年 9 月，四川、湖南、湖北、广州等地发生了轰轰烈烈的保路运动，用来对抗清政府的腐朽统治。10 月，孙中山领导的革命党人在武昌掀起推翻清朝统治的武昌起义。这一系列震惊全国的革命运动对许国璋造成了很大的影响。他知道那些留着长辫子的官员并不是真正的百姓的父母官。因为他的家里很贫穷，就总是因交不起苛捐杂税而受到官员的欺压。他想："保家卫国的'国'不应该是清政府统治下的国家，真正的国家应该既没有清政府的专制，也没有帝国列强的侵略，而是人们都幸福平安地生活的家园。"于是还处于青少年时期的他就立下志愿，效法革命前辈，去参加革命的队伍，像古代的英雄那样与敌人打仗，解救处于水火之中的人民。

第二节　弃文从武，入学深造

（一）从军记

时光如白驹过隙，飞快流逝。转眼间就到了 1917 年，许国璋已到了弱冠之年——20 岁，正值青春的大好年华。许国璋也长成为了一位意气风发，朝气蓬勃的年轻小伙儿。他已经学到许多传统的中国文化，饱览历史古书，也关注国家和人民的现状，因此是一个有文化、有理想的青年。看着国家遭受着军阀割据的分裂，帝国列强的蹂躏；百姓们忍受着饥荒、疾病、战争等。他的内心对此充满着悲愤和怜悯，他应该怎么做才能改变国家和民族的命运呢。

1912年，袁世凯篡夺辛亥革命的果实之后，继续在中国实行专制统治，他的倒行逆施引起全国人民的不满，于是革命者开始讨伐袁世凯。1916年，袁世凯因病去世。北洋军阀段祺瑞接掌政权，他继续实行专制统治，拒绝恢复《临时约法》和国会。自1917年始，以孙中山为首的资产阶级革命党人为维护临时约法、恢复国会，联合川军共同进行了反对北洋军阀独裁统治的斗争。

四川成都招募军人的活动开始了。许国璋看着一些同乡的青年人纷纷加入军队，脸上洋溢着为国效力的自豪感，他的心也激动了，心里想着："我不是也要为国效力吗？这机会不是正好吗？可是年迈的父母怎么办呢？我走了，谁照顾他们呢？"他走在大街上，许多人都在谈论参军的事情，报童们扬起手中的报纸叫喊着："卖报卖报，川内欲组护法军，孙中山欲北上伐段……"不知不觉，他已回到家中，父母都在家呢。看着儿子回来了，父亲开了口："儿子，在想什么呢？闷闷不乐的。"

其实父亲已经看出儿子的心思，知道他的心里为难，就先开口。许国璋为难地说："父亲、母亲，原谅孩儿的不孝，我想要参军，可是我真的放心不下……"话没说完，他便泣不成声，预备给父母跪下。父母亲连忙扶住儿子，父亲的眼睛也凝着泪光："儿子，你想去就去吧，家里有我们呢，你放心去吧，好好照顾自己……"晚上一家人一起吃着晚饭，互相叮嘱着。大家都依依不舍地感受着离别之情。天渐渐亮了，许国璋拎着母亲为自己打包好的行李，特地将母亲求的平安符放在内衣口袋中。他再次拥抱了自己的父母，然后毅然地迈出家门。父母站在门

口，看着儿子渐行渐远的背影，老泪纵横。许国璋知道，自己不能回头，不然自己会后悔参军的。

走在路上，许国璋想："我曾经想要通过自己学习文化知识，走向仕途之路，而今去参军成为一介武夫，这不就正好应了那句古人的话，'宁为百夫长，胜做一书生。'真是世事弄人啊！希望这次出征能有所作为，能为国家尽自己的一份力量。"之后，许国璋顺利地加入了军队，被编入川军第二师。军队很快就下发了军装，大家都很兴奋地一起换上，一个个看起来都那么神勇。许国璋自豪地想："这下，我就成为一名军人了，一定得对得起这身军服。"

进入军队不久后，当其他的战友还无法完全遵守军队纪律，总是互相抱怨，思念家里的舒适环境时，从小就严于律己的许国璋已经适应了军队的生活。当然他也思念父母亲，但只是默默地在心中思念，不会挂在嘴上。他想得更多是自己如何才能在军队中发挥作用，成为一名真正的军人。虽然自己以前读过一些兵法书籍，但是他还没有见识过真正的战场到底是怎么样的。

"立定"，连长打开嗓子喊着，"报数。"军队中残酷的训练开始了。烈日炎炎，大家也必须穿着厚实的军装，训练站姿、坐姿、跑步、射击等。连日的训练非常辛苦，有的战士坚持不了，开始抱怨。于是连长训导大家说："我知道你们离开父母，参加军队，想要为国效忠。训练那么辛苦，你们心里肯定会觉得难受。可是战场比这些训练残酷一千倍一万倍的，你们要想不当炮灰，成为一名合格的战士的话，不仅要遵守军中纪律，还要加强训练，提高身体素质，这样才能上阵杀敌。你们以为英雄是那么好当的吗？如果现在有人想要离开，我也不挽留，那就马上收拾包袱走人。”“想要当一名优秀的军人，谈何容易。”许国璋默默地想，“我的身体素质不算太好，那我就学学古人闻鸡起舞吧。”因此在别人都在休息时，他自己仍然在场地上坚持训练。春去秋来，他的皮肤被晒得黝黑发亮，全身都是充满着力量的肌肉，他终于把自己训练成一个像钢铁一般的战士。连长也对他啧啧称赞，把他作为标兵，让战士们向他学习。

跟随着部队，他离家乡越来越远了。在行军的过程中，许国璋也参与了一些小型的战斗。在这些战斗中，他英勇过人，

顽强抗敌，必要时，主动请缨，冲锋陷阵，深得长官的赏识。很快，他就被提携为军佐，成为新兵中第一个被提拔的人。

新兵们虽然是初生牛犊，也参加过几次小型战斗，但终究缺乏比较系统的军事训练。因而川军总部决定成立一些军官训练营，让那些有潜质的士兵进一步学习作战指挥等。大家都积极争取继续深造的名额，为此还举行了体能比赛和技能比赛，位列前十名的可以进入合川军官传习所。比赛名列前茅的许国璋被选入去合川学习。

又是几年的勤学苦练，这里的军事训练比曾经的军队更加严酷。在这里，许国璋不仅学会了许多作战指挥的方法，分析、判断、布局战场的能力，还明白了孙中山先生为什么要革命，帝国列强犯下的诸多可耻的行径等。学习了这些军事知识，他知道战场作战是不能靠蛮力的，要有勇有谋，才能以少制多，以弱克强。他也明白自己千万不要像赵括那样只会纸上谈兵，所有的知识都必须灵活运用。而且，他常常一个人思考国家和民族的命运而愁眉紧锁，战友们都亲切地称他为“忧国忧民的范仲淹”！在这里，他也认识了更多志同道合的朋友。大家经常一起谈人生，聊理想，谈论国家和社会大事，过得非常有意义。

学习的日子总是很快就过去。这几年的深造，许国璋的确充实了自己。他顺利通过了训练营非常严格的考试，并以优异的成绩毕业。他相信自己所学的一切，可以好好武装自己，将来在战场上好好发挥作用。

（二）还乡记

1927 年， 在合川军官传习所毕业后，已过而立之年的许国璋突然想回家看看父母。参军已经十年了，自己只能在过年时写封家书报平安。他从同乡哪里知道父亲的风湿病又犯了，母亲的双眼也是模模糊糊看不清楚了。他心疼着他们，惦念着他们。他向队里提交了申请，想要请假回家看看。队里传出消息说，要过几天才能给出答复。心急如焚的许国璋只能等待，某天，他有些心烦地在训练场上走来走去。恰逢此时，连长走

过来，高兴地拍着他的肩膀对他说：“许国璋，心烦什么啊，队里已经下发通知了，考虑到你已经三十岁，你家里又只有你一个儿子，特别批准你半年长假，你回去把你的个人问题解决了,再回来为国效力吧。”班长一边说着一边就把通知单递给他。听完这一席话，许国璋高兴地笑了，说：“谢谢连长，我终于可以回家看我父母啦，太好了。至于个人问题以后再考虑吧。”

当晚，许国璋喜不能寐，心想着回家见父母，应该给他们买些什么好呢？“这几年队里发的军饷，自己舍不得花，都存下了。现在恰好是冬天，天气实在寒冷，就给父母亲买两件棉衣吧。天亮得实在太慢了，还是好好休息一下，白天赶路才有精神……”他想着想着就睡着了。

由于四川战乱，汽车火车都不能准点运营。许国璋走了整整两天，可算到村口了，他一路小跑着，真是近乡情更怯。已经是傍晚了，村子里的人家都亮起了灯火。炊烟袅袅的，家家户户也开始做晚饭了。到了家门口，自己家的灯怎么还没有点亮呢？咚咚咚，咚咚咚，咚咚咚，他急切地敲着门。咦，怎么父母不在家吗？他们怎么不出来开门呢？“爹，娘，儿子回来了。你们快出来开门啊。”他本想给父母一个惊喜，现在就只好大声地告诉他们。可是依然没有人出来开门。邻居王婶儿倒是听见许国璋的喊声，打开门对他说：“孩子，你可算回来了，你爹娘去庙里上香为你求平安去了。可能天黑路滑，现在估计还在回来的路上吧。我这里有你家一把钥匙，是你娘叫我帮她存着的，你快拿去开门，进屋休息一下吧。你要是饿了，就过来先到我家吃饭。”许国璋走过去，接了钥匙说：“谢谢王婶儿啊，麻烦您了，我先去开门放一下行李吧。”许国璋打开门，终于回到了久别重逢的家，当年离开的场景还历历在目呢。他放下行李，去厨房看了看，米缸里只剩下一小碗的米了，心里不由得一酸，眼角也湿润了。他拿出在路上买的几个烙饼和一些肉干，开始生火做饭。他希望能在父母回来之前把饭菜做好，让他们吃一顿香喷喷的饭。正准备切菜时，听到外面有人说话。“今天我明明关好门才走的啊，老头子，怎么家里的灯都是亮着的？难道是家里来贼了。可是我们家啥也没有啊。”母亲有些胆怯地说。“你别急啊，我们先开门进去看看再说。”父亲回答。许国璋赶紧跑出去，看见真的是父母亲回来了，激动地喊道：“爹，娘，孩儿回来了。孩儿不孝，现在才回来看你们。你们在家实在辛苦了。”他说着，眼泪也流出来。他跑过去，握着父母亲的手，想要下跪。母亲一时激动地说不出话来，老泪纵横，只是扶住他，不要他跪下去。父亲也是讷讷不言，激动地凝望着他，终于说出一句："先进屋，先进屋，这儿很冷……"

回到屋中，许国璋拿出几个咸鸭蛋和馍馍，心疼地望着父母亲，说：“爹，娘，你们出去一天，肯定是又冷又饿了吧。这是我在路上买的，你们先喝点热水，吃点东西。”母亲擦干了眼泪，面带微笑看着他，握着他的手，有点不相信这是真的，说：“都十年了，快让娘看看。儿子长壮了，军队里那么苦，你受累了，现在可算是回来看我们了。打仗有没有受伤啊？”许国璋轻轻地摇摇头。父亲知道儿子一路舟车劳顿，肯定累了，就说：“老婆子，快去做饭吧。儿子一路回来肯定很辛苦。吃了饭，我们好好聊一聊。”“爹，娘，我一点都不累。看见你们啊，我就高兴了。你们都累了，快歇着吧。我去做饭。”许国璋看着年迈的父母，已经是白发苍苍了，还那么辛苦地讨生活，感觉自已很不孝。不知道自己要怎么弥补这些年对父母亲的亏欠。

一家人非常温馨地一起生火做饭，然后围着桌子开开心心地吃着团圆饭。一盏油灯释放出来的橙色光芒就像温暖的阳光一样照亮这个小小的家，驱逐了冬夜的寒冷。每个人脸上都绽放着幸福的笑颜。

吃完饭，大家围坐着一起聊天。父亲意味深长地说：“儿子，你也三十了。我们许家三代单传，香火也得延续下去啊。这次你有半年的时间，该办的终身大事这次都得办了啊。这婚姻大事可不是儿戏，你得好好选个我们老许家未来的媳妇啊！”

许国璋有些不好意思地笑了，认真地说：“爹，儿子这几年在外，也没考虑过个人的事情，您要是有什么主意，您就说说吧，儿子都听你的。”

母亲有些喜不自胜，高兴地说："儿子，你还以为能瞒着娘啊。你入伍前不是和王婶儿家的闺女春妮儿挺好的吗？你这几年不在家，全是靠她照顾我们呢。人家可是等了你十年了，你得对得起人家姑娘啊。"

"娘，儿子知道她是个好姑娘啊，可是我以后回了军队，常年不在家，不也是耽搁她吗？再说她父母也未必同意啊。"许国璋有些烦恼，他和春妮从小就是青梅竹马，一起长大，要不是当年自己参军。他和春妮早就成亲了。但现在他实在是不想再耽搁她了。

"春妮她娘倒是没什么意见，只是她爹老李吧，有点意见呢。我们儿子耽搁他姑娘那么久，如果要他同意这婚事，必须给他姑娘风风光光地办一场，让他有面子才行呢。"父亲给儿子这样出主意。他也明白春妮贤惠勤劳又孝顺很适合当许家的儿媳。"儿子，你要是真喜欢春妮儿，等过几天备好了彩礼，爹就给你提亲去。"

"爹，您别急，让我好好考虑考虑吧。要是我们真有缘分，也不用急于一时。今天您们都累了，快早些歇息吧。不要为我的事情担心了。"许国璋宽慰着父母，扶着他们，让他们去休息。

躺在床上，许国璋又陷入了繁杂的思绪之中。这些年来，他虽然嘴上不说，但是的确把春妮都放在心上的。父母现在年纪也大了，需要人照顾。春妮又是一个特别孝顺的女孩。她肯定会照顾好父母的。可是他以后只能从军在外，就得把家庭的责任都交给春妮，这实在是太难为她了。

第二天，他刚起床不久，就看到春妮提着一桶米在门外喊着："大叔大娘，快开门，我给你们提了一桶米过来了。"她依然是那么青春有活力，跟几年前没什么变化。他陷入痴想中，还没有想着去给她开门。"儿子，你还愣在那里干什么呢？还不开门。"母亲催促他去开门。他走过去，犹豫着打开了大门。两人相互对视着，春妮儿一时愣住了。昨晚她的母亲王婶儿并没有告诉她许国璋回来的消息，今天叫她来给他们送米，也是想要给女儿一个惊喜。春妮儿惊呆了，很激动，轻轻叫着；"许……许大哥，你怎么回来了……"许国璋假装很镇定，接过她手上的桶，微笑着看她："妮儿，我回来了，快进来坐坐吧。"两人慢慢走进堂屋。母亲走过来打破尴尬局面。"春妮儿啊，你又给我们送米来了。真是个好孩子。你许大哥昨晚回来了。你们坐下，好好聊一聊吧。"说完接过许国璋手中的米桶走了。春妮本想拉着大娘不要她走的，可是拗不过。

两人都沉默着，许国璋知道自己必须主动些，于是他感激地对她说"妮儿，谢谢你这几年照顾我的父母，你的恩情，许大哥我一定会报答的。"春妮儿有些失望地说："许大哥，我做这些都是心甘情愿的，不需要你报答的。就算今天你不回来，我也会一直照顾大叔大娘的。"许国璋知道自己刚刚的话伤害了她，他渐渐明白她的心意了。于是问起她现在的状况，家里的情况，想要进一步打开两人的话匣子。两人聊着聊着，都明白了对方的想法。只不过许国璋依然很歉疚，毕竟春妮儿要做出太多的牺牲。春妮儿念过一些书，很理解他的想法，说："许大哥，如果我嫁给你，我就不怕这些。你好好地为国效力，家里有我照顾，你也就可以放心了。"

春妮她爹看着两人心意相投，也知道许国璋是为了国家大事，也就不计较那么多了，准许了他们的婚事。因此，一个月后，两人的婚事就正式举行了。许多父老乡亲都来参加婚礼。婚事办得热热闹闹的，大家都祝福着这对新人。

这几个月，许国璋享受着家庭的幸福生活，他珍惜着分分秒秒的快乐时光。因为这些时光实在是又快又短暂，显得弥足珍贵。他深爱着自己的家人，但他更爱自己的祖国。没有国，何来家呢？国是"大家庭"，家是"小家庭"。他还是决定为了建立一个美好的"大家庭"，暂时舍弃温馨的"小家庭"。

离别的时刻到了。夜里，许国璋辗转反侧，不能入睡，在房里不断踱着步。妻子劝着他："我知道你放心不下家里，有我在呢，你就好好地待在部队吧。只是千万注意安全，我们都在家等着你呢。""嗯，家中有你照顾，我自然放心些。只是太辛苦你了。你也不要太担心我了。我会好好照顾自己的。"

两人互相安慰着，静静等待着天亮。

天亮后，许国璋背起包袱又一次离开了家。

第三节　投奔刘湘军，智勇双全显

（一）继续深造

1927 年，国内政治形势急剧变化。蒋介石成立南京国民政府，并与汪精卫为首的武汉国民政府达成和解，俗称“宁汉合流”。1928 年，南京国民政府宣告完成统一大业。而四川在刘湘的领导下，虽然在名义上接受南京政府的领导，却一直保持着比较中立的状态。刘湘在四川致力于发展军事和教育，并组建了四大兵种。

1929 年，许国璋所在的部队已经是分崩离析。许多战友退伍的退伍，还乡的还乡。32 岁的许国璋根据形势的需要，同老乡一起加入了刘湘率领下的第二十一军。训练有素的许国璋很快在他所在的连队里崭露头角。有一次刘湘亲自下访第二十一军，看着这些战士精神抖擞，他非常豪迈地对大家说：“好男儿志在四方，兄弟们远离家乡，投奔我刘某人，是为了保家卫国。我是最重才惜才的，你们当中要是有智勇双全的，我定当给予重用，绝不埋没了人才。俗话说：‘不想当将军的士兵不是好士兵。’我也是从一名士兵慢慢升到现在的位置。

你们想要成大器，就必须训练出自己的看家本事来。”士兵们听了大受鼓舞，用热烈的掌声来回应他。“我决定要在军中组建一个军官研究班，你们谁想要进去学习的，就必须好好地在军中脚踏实地的训练，并且通过我的考核和设定的条件，我就批准他进入学习。这个学习班是以能力来评判的，不论军衔大小，职位高低，优秀者可以得到我的亲自提拔。”刘湘郑重地宣布。这对于许国璋来说可是个好消息，他想：“如果能够在军中闯出个名堂来，那也不白费当年弃文从戎的选择。自己虽然在以前的军队中表现比较突出，可是这刘湘军中可真是藏龙卧虎。我必须向那些作战经验丰富的老兵们虚心求教，才能弥补自己的欠缺。当然还必须加强训练。”

选拔比赛那天，刘湘坐在看台上亲自观察参赛者的表现。负重跑步，越障碍赛跑、射击等，这些都非常考验士兵们的体能和技能。比赛的场面非常激烈，大家都在为自己连队的战友加油助威。许国璋坚实的身板以及娴熟而高超的射击技术都带给刘湘很深的印象。最后一个关卡是考试官给出一个战场模型，让比赛者自己去分析、观察形势，并设定一个作战方案。许国璋虽然参加过许多小型战斗，但都是当一名执行任务者，不过在合川军官传习所习得的那些兵法知识，可以帮到他。他在作答时，虽然内心非常紧张，但是他极力控制自己，因而表现得比较从容淡定。刘湘在一旁观察着他，虽然他不及别的参赛者

那样有丰富的经验，但是从他那年轻坚毅的面庞上可以看出他对这次比赛的珍视以及他那份爱国赤子心的执着。他看好这个青年，认为他是个可造之才。

比赛结束后，许国璋也有些忐忑，自己在最后一轮的表现并不是很好，而且入选名单要过两天才能宣布，他只能焦急地等待着。他跟一个比较要好的老乡小刘说："兄弟，你看参加这次选拔比赛的人都是精英，作战经验也都比我丰富，我看我是没机会入选了。"小刘很了解许国璋，知道自己的兄弟渴望进入这个军官学校的愿望。他安慰说："兄弟，你不要着急，入选名额还没最后确定呢，你就耐心好好等待嘛。我看刘将军是个有眼光的人，你进去应该是没问题的。”许国璋重重地点点头，随即谈话又陷入了沉默。看着窗外的圆月，他不禁又思念起了故乡的父母以及结婚才两年的妻子，不知道他们现在生活得怎样的艰难，现在又是战乱时期，希望他们能够平平安安。想着想着，他的眼睛就湿润了，拿出已经捏得很皱的家书，一遍一遍读着。

入选名单终于公布了，许国璋入选了。连队的战友们欢呼雀跃，为他高兴。几个要好的战友还把他举起来，抛向空中。许国璋像个孩子一样开心地笑了，这些年的努力果然没有白费，自己总算能给自己一个交代。连长也非常高兴地拍着他的肩膀说：“恭喜你，我听上面的人说，有些决策人说你的实战经验还不够，是不够资格进入军官研究班的，是刘将军力保的你啊。看来你小子是走运啦。你以后可要好好努力，别给我们连队丢脸啊！”许国璋憨厚地点点头，开心地笑了。

后来，在“军官研究所”的深造，许国璋各方面的能力都得到了更进一步的提升。他自知资历尚浅，总是非常虚心地求教老师和战友。他勤奋学习的刻苦态度，感染着身边的每一个人。

（二）坚决抗日救国

1931年9月18日，日本精心策划和发动了震惊中外的九一八事变。中国东北三省全部被日本关东军占领，日本还利用投靠日本的前清废帝溥仪在东北建立了满洲国傀儡政权。中日矛盾进一步激化。全国各地爆发着轰轰烈烈的学生运动和工人罢工运动，要求政府抗日。

许国璋得知“九一八”事变的消息后，义愤填膺地和大家一起讨论着这件关乎中华民族生存的国家大事。他慷慨激昂地说：“日军已经侵犯到东北，他们肯定会南下入侵中国其他地方的。政府应该立马组织军队，抗日救国啊。”大家应和道：“是啊，是啊，我们一定要把侵略者打回老家去。”但是军中并没有下发任何关于抗日的通知。大家只能在气愤中等待着上级的消息。过了两天，上级终于传出消息，说是南京国民政府不主张顽强抗日，现在“共匪”制造混乱，因此提出“攘外必先安内”的政策。许国璋心里很气愤，“政府怎么不去解决民族危机，反倒先来窝里斗。自己人杀害自己人，这是怎么回事啊？”由于四川相对而言是比较独立的省份，离东北太远了。他想要抗战救国，也是远水救不了近火，有什么办法呢？政府已经下达了命令，自己就只能服从。但是他还是几次上书给刘湘将军，表明自己坚决抗日的心迹。刘湘将军又何尝不想坚决抗日呢？只不过他考虑到整个军队的生死存亡和四川的安危，因而没有贸然行动。他还亲自找许国璋谈话，赞扬他的爱国精神，同时告诉他自己的顾虑。许国璋自知考虑不是那么周全，但是他想要抗日的心始终未变。

1935 年，许国璋以优异的成绩在军官研究所毕业。他希望自己可以成为作战的第一线战士，可以直接上阵杀敌。经过这几年的学习，他已成长了许多。他不仅得到刘湘的赏识，军队中的许多人都以他为楷模，向他学习。由于他在部队里的出色表现，很快就被晋升为九旅二十五团团长。晋升了军衔的他没有一点儿官架子，依然和战友们打成一片。在他看来，爱国是不分等级的，况且战友们身上还有更多值得让他学习的地方。不仅如此，他还经常鼓励和抚慰新兵，让他们在部队中也感觉到家庭的温暖。大家在私下里都亲切称他为“大哥”。

1937 年，日本发动卢沟桥事变，开始了全面侵华的战争。看着大片河山沦陷在日本的铁掌中，许国璋非常焦急，想要采取行动。他知道抗日就是自己的使命，但是他的军衔太小，实在没办法鼓动军队去抗日。于是他多次上书，主动请缨，希望能够奔赴前线上阵杀敌。可是刘湘将军依然认为不可轻举妄动。虽然国共已经合作，预备联合抗日。但刘湘依然在等待南京政府的抗日命令。为了安定军心，他召集大家开会。他站在台上对大家说：“兄弟们，我知道你们想要出川抗日。但是南京政府还没有下达明确的抗日命令。而且四川地理位置比较偏僻，离抗日战场还比较远。目前需要储备实力，以便政府需要时，给予前方大力支持。你们现在先安稳下来，加强训练。”刘湘将军做着比较全面的打算，他并不是不想抗日，只是时机未到。许国璋明白了将军的想法，知道自己以前太过鲁莽了，考虑得太狭隘了。出川抗日是迟早的事，自己不应该太急迫。然而军队里，士兵对待抗日的态度也不尽相同。有的人认为，日本肯定不会入侵到四川，大家可以不必惊慌。因此，许国璋从国仇家恨的民族情感出发，去启发士兵的觉悟。他一再对部下说：“中华民族是一个大家庭。同胞受难，大家应该齐心协力，一致抗敌。日本铁骑纵横黄河南北，日本军队和日本浪人，在淞沪一带横行霸道，实在是欺人太甚。你们一定要练好军事技术，以待时机，将来一有机会，与日本强盗一决雌雄，见个高低。”大家听了他的训导，决定团结一致，坚决抗日。

第二章　鄂中湘内抗日立战功

第一节　鄂中卫江城，破敌又转移

1937年11月，四川省政府决定派遣川军出川抗日。主席王瓒绪下令在成都招募军队，囤积物资，组建第二十九集团军。他任总司令，管辖第四十四军和第六十七军。各部队在万县、重庆等地集中，做好一切的预备工作。

1938年1月20日，刘湘在汉口去世。死前他留有遗嘱，都不涉及个人家事，全是激勉川军将士的话："抗战到底，始终不渝，即敌军一日不退出国境，川军则一日誓不还乡！"刘湘这一遗嘱，很长一段时间里在前线川军中每天升旗时，官兵必同声诵读一遍，以示抗战到底的决心。政府的积极鼓动，以及全国人民的热切呼吁。刘湘旗下的部队都在积极商讨出川抗日事宜。

（一）诀别家乡

1938年4月，许国璋晋升为第六十六军第一六一师第四八三旅少将旅长。他深知出川抗日势在必行，而且凶多吉少。于是他批准那些想要回家再看看亲人的战士们的请假申请。而他自己有三年没有回家了，可是作为旅长，他是不能轻易离开队伍的。他的内心很矛盾。因为早在1933年，他就从家书里得知，春妮生下一个儿子。儿子需要取名字，她就写信告诉他这个喜讯，并要他给儿子取名字。他想了想，为儿子取名为应康，希望儿子可以健康成长的意思。由于军务繁忙，一直不得空回家看看儿子，就只能写家书来问候家人，以获知一些家里人的情况。他特别想再看看爹娘，想知道已经五岁的儿子长成什么样了。下属们见他如此为难，就联名上书给上级，希望上级可以准许他回家三日，同妻儿告别。上级考虑到许国璋平时辛勤训练，并且领导有方，就批准了他的假期。许国璋也写下保证书，探亲回来，就立马跟随二十九集团军出川抗日。

晚上训练完毕之后，许国璋和大家坐在一起闲聊。许国璋很感激大家的帮助，说："这次出川抗日，凶多吉少，我再回去看看亲人，也算是实现我的个人愿望了。谢谢大家。"平时和许国璋走得比较亲近的小王，走过来拍拍他的肩膀，对他说："兄弟，你回去好好看看家人吧，你还有家人可以挂念，我的家人早都在逃避战乱中，生病了，饿死了……"话还没有说完，他已经有些哽咽。许国璋用力地拥抱了一下他的好兄弟，以表示对他的安慰。其他的战友也都聊着家里的情况，各自都有各自的悲苦，气愤很低沉。许国璋看着大家，动容地对大家说："大家都把憋在心里的苦说出来吧，这样好受点。过了这几天，我们就要真的远离家乡，出川抗日去赶跑那些日本鬼子。只有战争胜利了，我们才能回到自己的家园，好好照顾自己的家。兄弟们，都早点休息吧。未来的日子，更加艰辛，还要好好坚持下去啊。”大家听着旅长的话，都纷纷点头，各自回去睡觉了。

在回家的路上，许国璋的心里有些沉重，当然更多还是喜悦。走到门口，他见大门虚掩着，他就直接推开门，没有人在院子里，只是听到一个小孩咿咿呀呀的读书声。许国璋大声地喊着：“爹，娘，春妮儿，我回来了，你们在哪儿啊。”春妮听到是丈夫的声音，赶忙放下正在切菜的刀，从厨房里跑出来。两人相视一望，都又惊又喜，眼泪却不知不觉掉下来了。春妮高兴地说：“璋哥，你终于回来了。我正在做饭呢。”接着她又朝着屋子里喊：“儿啊，你爹回来了，快出来啊。”。只见一个五六岁左右的小孩飞快地跑出来。他睁着大眼睛，抱着春妮的腿，有些胆怯地说：“娘，这是谁啊？你怎么哭了？”春妮抱起孩子，温柔地对他说：“娘这是高兴呢，孩子，这是你爹爹，来，快叫爹爹。”她想要许国璋抱抱孩子，就把孩子递过去。可是孩子有些抗拒，只是小声地叫了一声：“爹爹。”许国璋看着孩子都长大了，心里很是高兴，连连答应：“嗯，这是爹爹给你买的糖，快拿去吃吧。”孩子怯生生地接过糖，高兴地跑开了。“孩子还小，那么久没见过爹爹了，肯定不认识了。璋哥，快去屋里休息吧。”春妮接过他手中的行李，带着他往屋里走。“妮儿，这些年真是辛苦你了。哦，爹娘去哪儿了。怎么没有见到他们人呢？”许国璋有些着急地问。妻子平静地回答：“他们都在田里做农活呢。这不快中午了吗，我回来做饭，等会儿给他们送过去。现在收成不好，地税又高，只能多租些地，维持生计。你快去把他们都接回来吧。”许国璋连忙跑去地里，把父母都接回来。

一家人终于又团团圆圆坐在一起吃饭了。这是在许国璋梦里经常发生的事情。现在终于实现了。席间，大家有说有笑的，其乐融融，享受着相聚的美好时光。吃完饭，小应康用稚嫩的声音问：“有爹爹在家真好啊。妈妈开心，爷爷奶奶也开心，我也好开心呐。爹爹，以后你就跟我们住在一起，不要离 开我们，好不好啊？”大家都被他的话给逗乐了。许国璋摸着他的小脑袋说：“好啊，好啊，只要康儿乖乖听话，好好读书，爹爹就留下不走啦。”“太好了，太好了……那以后都可以买糖吃吗？”他又问道。许国璋心疼地看着儿子：“嗯，以后爹爹都给你买糖吃。”“那爹爹也可以帮妈妈、爷爷、奶奶做农活吗？”小孩子关切地问道。许国璋笑了笑，很愧疚地回答道：“爹爹应该做所有的农活儿，不应该让康儿的妈妈爷爷奶奶都那么辛苦……可是爹爹……”这时妻子说话了：“好孩子，爹爹从外面回来，很辛苦的，需要好好休息一下。你快和爷爷、奶奶出去玩吧。爹爹和娘有话要说。”小家伙儿毕竟不懂事，就听妈妈的话，跟爷爷、奶奶出去玩了。

“璋哥，小孩子啥也不知道，等以后他长大了，懂事了，我会慢慢把你的事情都告诉他的。让他知道，他的爹爹是个大英雄。康儿现在拿着书，就高兴地叫我教他念。以后等你回来了，我们一家人一起，那该多开心啊……”妻子对他说道，眼里充满着希望。“我知道，你会好好操持这个家的。我不知是哪世修来的福气，可以娶到你这样的好妻子，真希望可以陪在你们身边，好好照顾你们。”许国璋回应着，饱含着深情的目光。他握着妻子的手，继续认真说道：“我决定出川抗日，就是身许国家了。你们在后方，要勤俭持家，要让儿子努力读书。将来做一个有利于国家的人啊。我每月会给你们寄一些军饷和补助的。一切都得靠你们自己努力啊。至于我，你们就不要惦念了。”妻子明白丈夫的心意，很理解地说：“我知道你是为国家效力，那就放心去吧。家里一切都有我呢，你就不必担心了。”

第二天，许国璋叫上家人去县城里面照相。这在当时是非常时兴的洋玩意儿，价格也比较贵。他的父母亲还有些害怕呢，但是他们还是坚持要拍，因为这些照片是排解日后大家彼此思念的重要物品。之后，一家人还一起逛了逛市集。虽然一家人都说说笑笑，但明显隐藏着一种离别的氛围。他和儿子变得亲热了，小家伙一直都要父亲牵着他走呢。许国璋就抱着他，一边走，一边跟他说话、打闹，享受着做父亲的滋味，沉浸在浓浓的天伦之乐中。

第三天，大家集聚在村口的大道上送别许国璋。木讷的父亲望着儿子，慢慢地说：“儿啊，你这次前去抗日，一定要小心啊。你爹一把老骨头了，不中用了。只希望你能平平安安，你要记着爹娘都盼着你回来呢。”许国璋看着年迈的父亲、母亲，心中满是愧疚。他有些呜咽地说：“爹，娘，你们一定要好好照顾自己啊。儿子不孝，不能好好侍奉你们。”他又看看妻子和儿子。他弯下腰抱起儿子，紧紧地抱着，舍不得放开。儿子似乎预感到什么，带着一点哭腔说：“爹爹，你不要走啊。你不是答应过我，你要和我们一起住的吗？”“好儿子，乖，爹爹一定会回来看你的。你要好好读书啊。”儿子懵懵懂懂地点点头。

许国璋终于狠下心来，放下儿子，提起包袱，转身离开了。

回到军队，许国璋立马组织他所管的部队，整装待发。

这一天终于到来了，许国璋所在的军队，跟随二十九军团一起出发。川军抗日是全省大事，出征的队伍英姿勃发，川民为官兵披红挂彩，沿途重镇鼓乐齐奏、鞭炮震天，倒像是在迎接凯旋的得胜之师。

（二）出川抗日

自 1937 年 12 月日寇进攻南京，进行了惨绝人寰的南京大屠杀。南京国民政府就临时向西迁到重庆，军事委员会则迁到武汉。

武汉是座古老的城市，因唐朝诗人李白在此写下“黄鹤楼中吹玉笛，江城五月落梅花”，因此武汉自古又称“江城”。此外，它更是华中地区的军事要地，地处九省通衢，战略地位十分重要，自古以来就是兵家必争之地。日本侵略者在徐州会战过程中，即已定下进攻武汉的战略计划。日军企图以速战速决的方针攻占武汉，消灭中国军队在华中的主力，以逼迫中国政府屈服。

1938 年 6 月初，日军第十一军司令官冈村宁次指挥 7 个师团由合肥地区向舒城、桐城推进。6 月 12 日，日军攻占安庆，接着突破我军江上封锁线。28 日马当要塞失守，日军乘胜进攻湖口。守军激战数日，无法抵御敌人的入侵。湖口也被日军占领。同时日军又在九江登陆。1938 年 7 月中旬，日军第十三师团和骑兵大队从安庆公路进犯宿松、太湖防线。守军拼死抵抗，浴血奋战，但是依然寡不敌众，宿松、太湖均沦陷在敌军手中。日军乘胜向湖北黄梅、广济急进，想一举夺下田家镇要塞，威逼武汉。日军以迅雷不及掩耳的攻势，让我军措手不及。

田家镇坐落于九江上游约 65 公里，武汉下游 150 公里。其地势险要，以山锁江，湖泊连接，东边是黄泥湖，西边是马口湖，中间有宽三四里、长六七里的丘陵。丘陵北面是松山高地，高地延绵 10 余里，相对高度不过三四百米，却十分陡峻，浓密的植被下间或裸露着灰褐色岩石，为要塞北面的依托。它被誉为“武汉第一门户”、“楚江锁钥”。相传太平天国时太平军就曾在此，凭借这里得天独厚的条件阻击曾国藩的湘军。因此田家镇要塞成为拱卫武汉的重要屏障。

国军当然明白田家镇的重要性。早在3月份，军委会副委员长冯玉祥来要塞视察后，就建议调陆军精锐驻守要塞附近，并由陆军将领全面负责该地区防务。7月初，军事委员会就调第57师担任田家镇要塞守备，毕业于保定陆军军官学校第九期中将师长施中诚任田家镇要塞守备司令。

另外，日军对田家镇作战的难度是有认识的，他们从各种渠道已了解到：“九江至汉口之间，此处是筑有最复杂阵地的地方，其北面山地筑满炮台，前面的长江非常狭窄，众多隐蔽炮台使溯江部队绝对难以接近。”因此，他们制订了非常精密的作战计划，更派遣重要部队和重型武器来攻打这个要塞。

8月，许国璋所在的第六十七军到达湖北后，稍作休整，就收到上级的命令，要好好配合国军，保卫田家镇要塞，奉命进攻黄梅以南及大金铺的日军。六十七军指挥部立即召开会议，分析战况，分配任务制定出相应战略。许国璋接收到任务，马上亲自率领第四八三旅，去攻打大金铺以北的梅川地区的日军。

这天，天气非常炎热，空气到处弥漫着硝烟战火的味道。

战士们从四川一路跋涉而来，路途遥远，非常辛苦。到此处后，又是炎炎夏日，大家都感到很疲惫。为了不让战士们松弛懈怠，失去警惕性。许国璋亲临第一线，大声喊道："将士们，打起精神，不要松懈。四川人民在家乡盼着我们打胜仗回去呢。大家一定要雄起，让日军爬回老家。"这几句简单的话，极大地鼓舞了士气。将士们一起吼起来："让日军爬回老家，让日军爬回老家……"为了给将士们树立一个榜样，呼吁宁愿壮烈牺牲，也绝不妥协投降的精神。许国璋一直冲锋在前，在枪林弹雨中，勇往直前。将士们看到许国璋抗敌的勇猛和顽强，都不知不觉受到鼓舞，各个都精神抖擞，去英勇杀敌。这次，许国璋所带领的第四三八旅，取得了小小成绩，给日军一定的打击在当时是令人欢欣鼓舞的事情。

但是由于我军缺乏重型武器，只有少量的机枪和步枪。而日军的装备非常完备，飞机、坦克、大炮一应尽有。敌我力量的悬殊非常大，全体将士浴血奋战，依然屡攻不克，转而顽强防御。许国璋知道想要坚守下去，非常艰难。他看着将士们每天都凭借自己的毅力去坚持，感到欣慰。能拖住日军一天，就拖一天，绝不让日军有任何可乘之机。他每天都叫战士们默念刘湘将军留下的遗训，从精神上好好鼓励他们。许国璋坚守阵地达一个月之久，致使日军损失惨重，有力地支持了国军的防卫工作，得到上级的赏识。日军的部分作战部队被击溃，而我军防线坚如磐石。

日军受到重创后，立刻调整作战计划。他们获悉我军技术装备落后，而且物力资源不足，就决定采用强势攻击。9月29日，日军派出陆、海、空三大部队联合猛攻田家要塞。我军的确是寡不敌众，在拼死坚持中，还是败给敌军。攻陷田家镇要塞后，日军继续猖狂地向西进犯。在兰溪登陆的日军，则向浠水、黄冈地区进犯。第五战区长官部命第二十九集团军在浠水和上巴河地区掩护五战区转移。许国璋接到命令后，又立即率领部队赶往鄂东上巴河。

10月上旬，鄂东上巴河战役开始。从黄梅、广济方面来犯的敌军，在飞机、大炮掩护下，气势汹汹，想要快速占领这片土地。许国璋早就预料到敌军的作战方案。他向上级说出他自己的作战方案。领导有些犹豫，说："万一你的部队暴露了，不仅你的部下会做出很大的牺牲，而且还会导致整个战争的失利。我知道你领导的部队都是训练有素的，可是也没有百分之百的把握。况且现在兵力物力都不足，我不能让你贸然行动。我们必须想一个两全之策，做好防御工作。"许国璋焦急地说："现在已经是火烧眉毛了。不能再拖下去了。您就相信我，同意我的作战方案吧。我保证完成任务。"队里立马召开紧急会议，大家还是比较同意许国璋的作战计划，只有少数人认为，这样做太过冒险。最后，许国璋在会上向大家充分说明了他的方案。如果遇到紧急情况，又怎么处理。他向大家保证：“请上级放心，我一定能拿下这次的阵地，保证完成组织给我的任务。”大家才赞同地点点头，一致通过他的请求。

许国璋接到作战命令后，立即部署队伍，开启他的作案计划。天还没有完全亮，东边的云彩里还露着鱼肚白。他和战士们穿上军服，悄悄地从侧面到达阵地。他放低声音，认真而沉着地对大家说：“大家按照昨晚分的小组，分别行动。在天亮前赶紧找个隐蔽的地方，躲藏起来。在敌人到达之前，绝不能露面。如果暴露了，我们整个队伍都将受到重创，后果非常严

重。你们一定要保证完成任务，这次成功了，回去就好好犒劳一下大家。”太阳刚刚划破云层，曙光乍泄，万物充满着生机。大家紧锣密鼓地行动起来，一会儿就都找到地方隐蔽了。他们隐藏后不久，就听见敌人驾驶飞机，轰隆隆地飞来了，“轰”。敌人扔下一颗炸弹弄得震天响。他们也防备着，害怕有埋伏。然后，接二连三的炸弹也跟着狂轰滥炸起来。大家匍匐在藏身处，用树枝和杂草掩护好自己。炸弹就在身边炸开了，但将士们只能保持镇定，绝对不能有丝毫的移动。将士们都遵守着旅长的要求，就算被炸得粉身碎骨，也绝对不暴露目标。突然，许国璋闻到一股衣服烧焦的味道，他正在张望，想知道焦味是从哪里来的。说时迟，那时快，通讯员小王扑向许国璋的腿部，熄灭了火苗。许国璋感激地向小王望一望，接着赶紧去查看敌情。天已经大亮了，阳光很刺眼，让人有些睁不开眼。许国璋的部队始终没有暴露目标。日军终于停止了飞机的轰炸，开始着陆，攻向阵地。等到日军突破我前沿阵地，乘兴而进时，许国璋站起来，在阳光中显得虎虎生威。他一挥旗子，一声令下：“兄弟们，杀啊。”所有隐蔽起来的战士站起来，快速冲向敌人。敌军被这些突然出现的英勇无比的战士们吓到，他们根本没想到中国军人能忍受那么严酷的轰炸。我军将士拼尽全力抗敌，打得敌人溃不成军，有力地支援了友军的防御。

第五战区长官部得知只是一个旅长就有这么大的勇气和

魄力，做出方案，帮助他们牵制敌军时，不住地称赞他：“川军果真是人才辈出啊。小伙子，你好好干，将来肯定有出息。”许国璋憨厚地笑了笑，回应道：“晚辈初出茅庐，并不熟悉怎么打仗。这次能够制敌，全是靠战士们的英勇抵抗啊。他们才是最有功劳的人。”

虽然只是小小的胜利，但在军队中的确大快人心。大家更加充满斗志，要和敌人决一死战。但是由于敌强我弱，再加上敌人精密的作战计划和强大的军事装备，坚持了接近三个月的顽强坚守，最终被敌军击溃。

许国璋心有不甘，但是也无力抗拒强悍的敌军。战争中所遭受的巨大伤亡和作为非嫡系部队在承受这种伤亡的同时，往往还要受到自己统帅部的不公正待遇。这种不公正的待遇大大地挫伤了部分将领的作战热情和积极性，一种厌战和明哲保身的情绪在军中开始漫延。看着军队里刚入伍不久的新兵有些灰心丧气，他就鼓励大家说：“这次出川抗日，必是一场长期的斗争。就目前的情况而定，实在是一场异常艰辛的战争。你们一定要做好吃苦受累和随时准备牺牲的心理准备。我知道你们有的已经成家，家中也是上有老，下有小。我又何尝不是呢。我们只有赶跑这些侵略者，才能好好安心回去养家。如果国亡了，家还能在吗？所以我们坚决不能放弃。”

1938 年 10 月 25 日，武汉被攻陷。抗日战争进入相持阶段。

第二十九集团军奉命开始向鄂西转移。

第二节　扼守大洪山，气威立战功

（一）军队再集结，坚守大洪山

1940年5月，鄂西第二次随枣会战开始。日军的南方兵团从钟祥出其不意地向驻守在襄河东岸的军队发起攻击。紧接着，日军又向二十九集团军前来增援的四十四军和一六一师之一部发起攻击。我军近三个师的兵力顽强抵抗了两天，伤亡二千多人，最终弃守阵地，撤向大洪山区。

1940年下半年，第二次随枣会战中，川军二十九集团军被打散撤退的部队重新结集。重新集结起来的部队就到日军的后勤补给线上活动，不断袭挠敌人的补给车辆人员。目前的形势已经很明显，敌人沿襄花路和襄河的南北两路很快就要合围，全集团军很快将陷于大洪山重围中，全军下阶段的动向如何？是撤退还是坚守？

总司令王瓒绪在大会上斩钉截铁地说："总部决定固守大洪山。大洪山山高林密，纵横数百里，回旋余地大，我们就是要同敌人在大洪山周旋，我就不相信日本人能把我们吃掉！就是打它个三年五年，我也不躲闪出大洪山。各师长、旅长回去传达总部的意图：立即整补待命，准备在大洪山长期作战。无论情况如何，一定要同总部保持电台联络，不得中断。另外，各部要做好充分的准备，今后的日子恐怕会很艰苦，没吃的，没穿的，没有弹药补充。但要切记，任何情况下都不准扰民和抢掠，否则，我拿他是问！”他的这席话极大地鼓舞了战士们的士气，坚定了战士们要守住大洪山的决心。指挥部下达命令，各师、各旅必须牢牢坚守在自己的岗位上，不得擅自离岗。一旦敌军突袭，才能更好地调兵遣将。

其实早在 1939 年，许国璋就奉命率部队扼守大洪山的重要关卡上。当时日军精锐部队连续进犯襄河、石牌，都被许国璋击退。之后他与二十九集团军再次集结，依然奉命驻守在大洪山。

日军攻陷宜昌后，大洪山除了西北一方外，其他三方已处于敌人的围困之中。而大洪山根据地屹立巍然，犹如插在敌人胸膛的一把尖刀，时刻威胁着武汉。因而扫荡大洪山，拔掉这块心腹之患，对日本人来说已经势在必行。残酷的战斗就是从日军攻克大洪山各隘口开始的。

王瓒绪根据日军对大洪山的围困形势和长期踞守大洪山的战略对部署作了调整，把他的非战斗人员和主力全部撤入大洪山腹地，四个师分散布署到大洪山几个方向的各要隘，以小股部队防守隘口，各以有力部队在隘口两侧游击，以阻止日军攻入大洪山腹地。各个作战部队都严阵以待，监察并反击着敌军的一举一动。

许国璋在驻守阵地时，非常尽职尽责。他经常日夜和战士们一起守在最前线，顾不上自己的休息。他关心部下的身体健康，叫部下该休息时就休息，养足精神。有时，粮食没有了，他就带头啃树根、嚼树叶，过得非常艰辛。将士们看着旅长过得那么苦，连个眉头都不皱一下，大家也就没什么怨言了。有一次，后勤部队送来了粮食，大家都欢欣鼓舞地出来迎接。只有许国璋埋头研究作战地形，思考战略部署等。小王轻轻敲了一下门，走进来高兴地说："报告旅长，后勤部门的粮食已经送到。请旅长指示。"许国璋原本紧紧皱起的眉头，稍微舒展了一下。他微笑着说："今晚叫炊事员做些好吃的，犒劳一下大家吧。让那些比较虚弱的伤兵多吃点有营养的，这样好得快。"说完，他又埋头工作。晚饭时，小王给他端来一些肉和米饭。他抬头看了看，说："米饭留下，肉端走。"小王犹豫了一下。许国璋小声地斥责道："你打算不服从命令吗？快去吧。"小王小声地嘟囔："旅长，您一直劳累工作，根本没吃什么有营养的东西。这些肉是伤兵们特地为您留下的，您就吃点吧。"许国璋望了小王一眼，温和地说："别劝我了，拿给其他战友解解馋吧。我要工作了。你等会儿过来拿碗筷吧。"小王无奈地看着他，端着菜碗走了。过了好一会儿，他走过旅长的房间时，朝里面望了望。那碗饭都还没有动过，许国璋依然埋头研究。他原本想前去提醒旅长吃饭的，但是看着他专心致志的样子，也就没有去打扰，只能在心里默默地想："等打了胜仗，旅长就能好好休息了。"

为了不让战士们松懈，坚持身体锻炼，许国璋常常带头训练。大山里没有场地，他们就绕着山来回跑。许国璋跑在最前面，一边跑，一边喊一些口号，以振奋人心。清晨的阳光比较舒适，他们训练着，觉得神清气爽。山中也回荡着他们威武响亮的训练声，让人感到战士们的朝气蓬勃。渐渐地，他们就熟悉了山中的地形地貌。哪些地方适合隐藏，哪些地方适合攻击等，许国璋心里都有一个布局。有时很幸运，他们会在山中遇到一些野鸡野兔。他们就捉一些来吃，大饱口福。

许国璋的艰苦抗战、关心下属、敬职敬责等优良作风都被士兵们和上级们看在眼里，记在心里。三年来，正是由于他和其他军官的齐心协力，指挥得当，使得敌军伤亡惨重，大洪山防线始终固若金汤，岿然不动。

第三节　布阵射敌机，吓破敌军胆

若要说起这三年来许国璋的比较突出事迹，应当是 1939 年 5 月发生的事情。

当时，许国璋正在关隘上勘察敌情。突然见日军的飞机从空中飞过。许国璋还以为是日军要进攻大洪山防线呢。他正准备派人去拉响警报，让大家做好戒备时，他又看到敌机飞过后，并没有任何响动。“咦？如果他们不是进攻大洪山，那又是飞到哪儿去呢？这些日军，还真是狡猾。”许国璋心存疑惑。第二天，许国璋在勘察时，依然看到敌军的飞机飞过。同昨天一样，敌机并没有对大洪山采取任何行动。“日军同时派出6架敌机，肯定是有什么行动的。如果目标不是针对大洪山，那肯定就是对其他友军的袭击行动。”他决定再观察一天。第三天，同一时间点，大洪山的上空依然飞过六架敌机。于是，他立刻找来小王，语气中隐含着某种担忧地说：“小王，想必你也注意到了，这几天从我们上空飞过去的敌机。你务必帮我查到这些敌机都飞向何处？采取了什么行动？”“是，旅长。”小王声音非常浑厚地答道。到了晚上，小王查到了许国璋需要的所有信息。他敲门进入许国璋的房间，对他说：“报告旅长，您所要求的东西，我已经查到了，请查看。”原来，国军的其他部队在攻打日军所占的旧口据点。日军每天派出6架飞机定时去轰炸他们的进攻部队。由于前几天的轰炸，我军已经受到比较严重的打击。许国璋陷入了沉思：“我必须做点什么，来支援友军的行动。可是敌机飞得那么快，我该怎么做呢？”他仔细想了想，“根据这几天的观察，敌机的飞行航线都比较固定。我们可以选择一个易守难攻的非常隐蔽的地方，布置紧密的火力网，没准儿可以攻下敌机。就算是攻不下来，我们也不会暴露自己。”他立即拿出地形图，选择一个最佳位置，做好一切布局的计划之后，他向师长提交了自己的方案。师长召集指挥部严格审查了他的作战计划，并对此召开了紧急会议。有人很赞同这个计划，认为采取这个行动可以有力地支持友军，而且不会暴露自己，这是一举两得的事情。当然也有人提出反对意见：“上级早就下达过命令。大家各司其职，不能擅自行动。这计划很可能暴露我们的据点。要是出了什么差错，这到底谁负责呢？”许国璋非常认真地听着大家的意见和建议。最后，他沉着地对大家说：“我已经收到消息，攻击旧口据点的友军已经受到攻击了。如果我们不采取一些行动，那支作战部队可能就会全军覆没的。我们去阻碍日军的敌机，让日军认为还有其他的部队在行动，这是声东击西，也为友军的撤离争取时间啊。各位放心，我一定小心谨慎地实施这个行动的。大家也看到，我所选择的阵地离我们的据点还是比较远的。若是行动失败了，

敌机在那么高的空中，肯定也是如鼠逃窜，不会发现我们的。”大家听了他的陈述，刚刚比较反对的人，还是勉强同意了。不过还给许国璋提了一些比较好的建议，使这个计划更加周全。会议结束后，许国璋召集他所管辖的部队，为这次行动做准备。这次行动需要大量的枪支和弹药。为此许国璋不得不向其他部队请求支援一些弹药。军队在山中，军事物资补给比较慢，弹药本来就不足，但是那些部队都知道许国璋是没有百分之百的把握，绝不贸然行动的人。于是大家都尽力支援他。

第二天黎明，天刚蒙蒙亮，许国璋带领第四八五团到达计划中的阵地。这是一个夹在群山间的小平地。四周都是群山大树，只有中间的那一小块地是长得比较旺盛的杂草。在许国璋的指挥下，大家立刻行动起来。他们把枪支和弹药按照旅长规定的方式在这块平地中固定起来，组成了非常严密的火力网。然后战士们又找地方隐蔽，等待敌机的到来。太阳渐渐升起来，大家在树丛中安静地等待。根据许国璋前几日的观察，敌机大概是上午十点飞过这个阵地。这个阵地前面是一座很高的山峰，敌机每次飞到这里都必须减慢一点速度。这是我军射击敌机的最佳时期。如果射击不中，就是打草惊蛇，想要再次埋伏袭击就非常困难了。而且还浪费了部队的弹药，辜负了大家对他的希望。许国璋看到太阳已经升到半空了，他目不转睛地盯着敌机飞来的方向，并叮嘱大家集中精力，不能有丝毫的闪失。终于，敌人驾着飞机轰隆隆地飞过来了，许国璋大吼一声：“预备，发射。”士兵一拉引线，所有刚刚布置好的武器全部朝着敌机一阵猛扫。火力网的全面启动，威力巨大。飞在最前面的飞机被击中了羽翼，摇晃了一下，接着又被击中几次。于是那飞机就摇摇晃晃地坠落下来。战士们隐蔽在树丛中，看到那被击中的飞机就像是无头苍蝇似的到处乱窜，在空中盘旋了几圈，然后重重地摔在前面的山坡上。而其他敌机看到领军的飞机都被击中了，一时慌了神，不知道我们的袭击还要持续多久，就乱了阵脚，四下狼狈逃窜。其实残余的敌机刚刚离开，我军的

火力网的弹药也用得差不多了。战士们看到这个场景，都欢呼了起来：“哈哈哈，打跑那些日军，看他们就像缩头乌龟那样逃跑了。”许国璋看到战绩还是不错，满意地微笑了一下。然后对大家说：“大家赶紧收队吧。日本人肯定不会善罢甘休的。等会儿可能就会回来巡查的。今天战绩不错，大家辛苦了。回去好好犒劳大家。走吧，兄弟们。”大家赶紧行动，收拾好枪支，回到营地。

他们刚刚到达营地，就听到战友们热烈鼓掌欢迎他们。原来侦察员小刘在离他们阵地不远的地方用望远镜一直观察着他们的作战动静呢。当他看到一架敌机被击毁，其他飞机仓皇逃窜时，他明白这次袭击已经成功了。于是他连忙赶回营地，提前将这个胜利的好消息告诉了大家。因为大家都在心急如焚地等待着消息。师长说：“许兄弟，干得漂亮啊。大家都辛苦了，快去休息吃午饭吧。”许国璋憨实地笑了：“这是我分内的责任嘛。况且这都是大家的功劳，大家出的弹药，大家出的力。”说完，他也高兴地去吃中饭了。对于许国璋而言，这还真是一顿吃得安稳的饭呢。日军这次受到袭击，肯定会大挫军心的，以后不会轻举妄动了。这次袭击成功，许国璋的名声很快就传播出去了。一名小小的旅长，用枪支和弹药就把敌人的飞机给击落了，实在是让人刮目相看啊。这也成为当地川军抗日的小小传奇呢！

第四节　爱民亲如子，位高责任重

（一）晋升师长

许国璋驻守在大洪山期间，立下了许多大大小小的战功。1941 年秋，上级根据许国璋所立下的屡屡战功，将他晋升为第一五零师副师长。上级语重心长地对他说："将你提拔起来，就是因为你的作战指挥能力和领导都很强。你可别因为升了军衔，就骄傲自大，不服从命令，不会好好抗日了。"许国璋沉稳地回答说："请上级放心。下属坚决不会忘了军人的本质工作，这次出川的最终目的。我一定鞠躬尽瘁，报效祖国的。绝不辜负组织对我的期待。"上级领导满意地点点头，亲切地说："那快去做你自己的事情吧。抗日还很艰难，我们都得好好坚持下去。"许国璋坚定地答道："是，我一定会坚持下去的。"

升了军衔，许国璋依然坚持自己的艰苦作风。与战士们同吃同住，没有丝毫改变。快入冬了，小王给他搬来了一床厚一点的棉被，想让他冬天没有那么寒冷。许国璋立刻制止他："小王，你把棉被拿给身体比较虚弱的士兵吧。小刘上次去侦察不是受伤了吗？身子骨还没有恢复，经受不住冷。还有一段时间就要下雪了，到时候大雪封山，天寒地冻，这被子就给他御寒吧。"小王有点焦急了，说："可是许师长，这是上级安排的啊。冬天快到了，您不是也很冷吗？我们战士睡在一起，还可以相互挤挤取取暖。您不是通常要熬夜工作吗？您怎么只为他人想，不为您自己考虑考虑呢。”许国璋笑了笑，说：“要不是大家齐心协力，我们怎么可能抵御那么多次敌人的围攻呢。现在军中物资缺乏，应该把东西给需要的人。这被子说什么我也不会要的。你就拿去给小刘吧。就说是上级给他的额外福利。这小刘才刚满二十呢，又是孤儿，队里给他多一点的照顾也是应该的。”说完，许国璋又埋头工作了。而小王就只能退出去了。

除了关心下属以外，许国璋还经常和下属聊聊心事。他也是有家的人，懂得思乡的苦闷。他已经写了几封家书寄回去了，可是依然没有收到回应。现在战乱着，他只能静心等待。他想念爹娘、妻儿，不知道他们现在的情况。上次收到妻子的家书是半年前。信里说，儿子长大了，也长高了，非常喜欢念书。家里没钱给儿子买书，儿子就拿着当年自己读过的课本学习。除了读书，他还要帮家里做农活，以减轻家里的负担。许国璋寄回去的家用津贴，除了购置家用以外，都拿去给父母亲治病了。母亲很想念儿子，已经是思念成疾，吃不下饭，睡不好觉了。而父亲一大把年纪了，为了补贴家用，还在地里干活。妻子最大的希望就是自己可以平平安安回家，和一家人团聚。妻子自己的情况，她没有多写。她怕许国璋会太分心。其实她过得也很艰辛。有次出去做农活，天黑路滑的，她又急着回家做饭，结果就摔了很大一个跟头，把腿给摔伤了。她又不愿花家里的钱治病，就一直忍着疼干活。许国璋拿出曾经大家一起照的全家福以及收到的所有家书，细细地看着、读着，心里满是酸楚。他写信回家，都是报喜不报忧。除了写他自己受到上级的青睐，加了军衔以外，就是问候家里人的话。父亲、母亲的身体是什么情况，上次买的棉衣是不是还合身。儿子喜欢看什么书，有什么志向等。他有几次死里逃生的经历和受重伤的经历，他都不告诉家人，怕他们担心。为国效命是许国璋所认定的头等大事，因而绝大多数时候，他都压抑着自己内心的个人情感。这么多年来，这已成为一种根深蒂固的习惯。他默默地忍受着这份离别之苦，一心一意带兵作战，又立下不少战功。

由于冬天大雪封山，接济军需物资的车辆无法进来。许国璋就下令让士兵自己去将粮食背进来。当然他自己更是亲自出马，带头背运粮食。士兵们看到副师长都亲自来搬运粮食了，看着他大汗淋漓的样子，就更是鼓足了干劲。

转眼间，就到了 1942 年 7 月，许国璋又升一级，从副师长升为第一五零师师长。士兵们都祝贺他，而他只是平静地面带微笑地接受了勋位。在他看来，军衔这些都是次要的，能为军队出力，踏实做事才是实在的，是重要的。

（二）入湘抗日

1943年春天，日军派遣大量部队攻入湖南，战况非常激烈，湖南军事告急。为了阻击敌人，总部经过协商后，准备派许国璋率领第一五零师守备湖南华容、石首、公安等县。许国璋一收到命令后，立刻率领军队赶往湖南。

这天，天空乌云密布，一片阴霾，这是暴风雨到来的前奏。江上也是弥漫着层层雾霭，朦朦胧胧的，让人感觉有些压抑。日军驾驶着飞机，行使着军舰，浩浩荡荡地向我军的驻守藕池口阵地进发。到达阵地前线，敌军就仗着自己有飞机和长江舰队，在这些强大火力的支持下，不断地疯狂进攻我军藕池口阵地。我军则是由许国璋率领其部队进行反抗。许国璋在前线上，用望远镜勘察了天气和敌军的作战装备。他想："虽然敌人的武器装备非常强大，不过，今天对他们而言，是逆风逆水的。作战的优势明显在我们这边。这实在是太好了。"于是他立刻向部下传达自己的作战计划。部下听了，都忍不住啧啧地称赞许师长的高明。命令一级一级地快速传达指挥下去，以争取到充足的部署时间。尽管许国璋已经给出作战计划，但是他并没有只是待在营中休息。他依旧来到前线指挥，观察双方作战的情况，而且还大声地呼喊着："打倒日本帝国主义，战士们雄起。"战士们听到师长洪亮的喊声，都振奋了精神，更加勇猛地攻打敌人了。正如许国璋所料，暴风雨适时地降临了。风声、雨声、波浪声混杂在一起，成为我军反击日军的响亮乐章。敌人的军舰和飞机都受到天气的影响，不能很好地发挥作用。我军则按照许国璋师长的计划，派出精锐的海军作战部队，驾驶着装备最优良的舰艇，趁敌人进退两难的时刻，直击敌人要害。雨越下越大，战斗也越来越激烈。突袭部队用大炮击中了好几艘敌军的军舰。我军的作战士气就像这瓢泼大雨那般惊天动地。在这惊涛骇浪的作战场面中，我军重创敌军作战势力，大大挫伤了敌军士气。面对我军如此顽强的防护和突如其来的袭击，日军已是溃不成军，慌忙撤退，我军的战士则想要乘胜追击。许国璋摇摇头，说：“穷寇莫追。若敌人奋力反击，我们就可能有不必要的牺牲了。”

这次小小的战役，再一次体现了许国璋带兵作战的能力。在战士们的欢呼声中，许国璋并没有骄傲自满，只是说了一句：“这还只是反抗的开始呢。以后的战斗更需要大家的努力了。”

日军遭到严重打击后，通过侦察得知我军实力的确有很大的提升。而他们自己由于战线拉得太长，军事物资补给不足，现在已经陷入进退两难的境地。因此如果他们采取正面而强势的攻击，这显然是行不通的。卑鄙的日本人想出非常无耻的方式来报复我军。

距藕池口部队三天后，日军的后援部队已经达到。日本军人开始疯狂地抢夺当地居民的食物，并且按照上级指示，对居民房屋进行狂轰滥炸。百姓们无力反抗，只能举家逃到山里去避难。

许国璋所率领的部队侦察员将这些消息报告给他时，许国璋拍案而起，大声说道："可恶的日本人，竟然这样对待手无寸铁的居民。我们一定要想办法，制止他们的暴虐行为，绝不能让他们在我们的土地上继续为非作歹。"许国璋立刻召集各个旅长，发布命令道："大家赶紧回去调集自己的部队，前去我给你们分布的区域，好好地教训一下日本人。他们是想分散我们的实力，我们就只好将计就计，分开行动。同时派精锐部队去烧毁他们的补给粮食，给他们一点颜色瞧瞧。另外还要一部分队伍驻守在营地，谨防敌人的偷袭。"

许国璋不顾被轰炸的危险，继续来到前线指挥作战。当他来到被轰炸后的大街上，看到大量的房屋被轰炸，损毁了。很多居民，受了重伤，只能躺在街边，无法得到救治。许国璋看到这一幕幕悲惨的景象，心里非常难过。他立刻下令："我们师的卫生队必须先抢救这些受伤的居民，用担架把他们转移到安全的地方，好好救治。谁要是不遵守命令，一律按照军法处置。"卫生队即刻行动起来。他们首先将受伤的老人、小孩、妇女转移离开，最后才是那些在战斗中受伤的士兵们。许国璋所做出的这些行动在士兵们眼中起了很好的表率作用，大家都深深地意识到军民本来就该是一条心的。因此尽管被最后转移，士兵们也没有丝毫的怨言。并不是师长的命令必须遵守，而是他们已经将这里的父老乡亲当作自己的亲人，他们都情愿那些受伤的居民首先得到救治。那些受伤的居民看着卫生队来救他们时，有个老大爷还有些疑惑地问："你们卫生队不是专门救受伤的士兵的吗？你们怎么救我们呢？"一位护士温和地回答他："老大爷，您不知道吧？这是我们师长下的命令，必须首先救你们这些受伤的居民，然后再去救我们的战士们。"老大爷感激地点点头："许将军真是个好人啊。以前我们这里的兵真的太坏了，老是仗着官威来欺压我们这些老百姓啊。没想到你们许师长还对我们那么有情有义。真希望你们打了胜仗，可以早日回乡啊。"护士笑了笑："大爷，您快歇着吧。您受伤比较严重，不要说话了，养养神。"此时，军民之间这种相互爱护，血浓于水的情谊在这片湘北的土地上播散开来。许国璋本着军人的职责，所做出的这种爱护民众的崇高行为，在这些居民之间传颂着，更得到各界人士的普遍赞赏。

一天清晨，许国璋正在营中观察这几天战斗情况，并且思考到底应该怎样才能彻底制止敌军的轰炸。这时，小王传来急报，他非常焦急地说："师长，情况不好了，又有很多居民在轰炸中受了伤。但是我们的战士也有许多受伤的，担架已经不够用了。居民和战士们都互相谦让着，都要卫生处的护士们先救对方，护士们有些为难，不过还是遵守您的命令先救老百姓们。还有临时搭建的医院已经住满了病号，根本就无法接纳我们自己的战士了。现在又是战火又非常激烈，药品也不够用了。请您指示。”许国璋听后也很着急，但是他很快镇定下来，想出办法来。他召集各个旅长，然后跟大家商议：“现在情况非常紧急，药品缺乏，医院不够用了。我想出一些解决的办法。首先，将我们储备的军用帐篷拿出来，搭建几个临时的医疗救助点。张旅长，你就率领你的部下负责这件事情。”张旅长回答：“是，师长，保证完成任务。”然后，许国璋继续说道：“我们的药品所剩不多，后方的接济要过两天才能运到。王旅长，你就派遣你手下的勇士再加上两个医疗部的药剂师去偷袭日本人的医务部。日本人忙着轰炸，他们的医疗部肯定会有所松懈的。你们最好能够拿到足够四天的药品。这样我们才有足够的时间等待接济物资。不过这个行动的确有很危险，你们务必小心。”王旅长洪亮地答道：“绝不辜负师长信任，保证完成任务。”“最后，刘旅长，你就抽出你手下的兄弟，帮着卫生队撤离受伤的老百姓和战士。”“是，保证完成任务。”刘旅长回答。许国璋最后说：“那大家赶紧分头行动吧。”

许国璋自己也亲自到前线，看到医务人员和战士们都忙不过来，自己就背起那些受伤的老百姓一个一个地送到医院。小王来劝他说：“师长，这里比较危险，您应该以大局为重，您还是回到营中去指挥吧。”师长背起了一位已经受伤昏迷的老人，摇摇头说："这里已经被轰炸过了，敌人暂时不会再回来。你去搜集各旅的任务完成情况，将最新的战况都报告给我。"小王只能遵从命令，离开了。到了晚上，战斗稍微平息了一点。各个旅长也回来复命，报告自己的成果。许国璋高兴地点点头，对大家说："敌人医务部受到偷袭，肯定会加强兵力守护的，轰炸估计会暂停一两天了。大家辛苦了，去休息一下儿吧。"

因为许国璋指挥得当，再加上一五零师全体战士的行动，因此极大地减少了敌人轰炸所带来的严重损失。许国璋去临时医院看望那些受伤的百姓时，老百姓都感激地对他说："多亏了许师长派人保护咱们，咱们以后一定要好好感谢师长啊。"许国璋和蔼地说："这是我们应该做的，乡亲们就安心好好养病吧。我们会尽力保障你们的安全。"经过短短十几天的相互照应，战士们和乡亲们都建立了很深厚的感情。

等到许国璋需要带领部队从这里撤离到别的地方作战时，百姓们都很舍不得这支可爱可敬的一五零师部队，更舍不得许国璋师长。一五零师撤离的那天早上，乡亲们早就等在路边夹道相送。有的还把家里的粮食拿出一些来送给战士，战士们都严守着军规，绝不拿百姓一粒米。有的百姓还派出代表来请求许国璋："师长，您就批准战士们拿一点粮食走吧。那些战士各个面黄肌瘦的，我们看着也心疼啊。这些天他们一边作战，还要照顾乡亲们，实在是太辛苦了。这只是大家一点小小的心意，请一定要收下啊。”许国璋诚恳地对他们说：“我知道你们想要报答，可是这都是我们的责任啊。再说好多人的房屋也被炸毁，现在连住的地方都没有，这点粮食我们又怎么能收呢？战士们还年轻，能吃苦受累，不怕的。你们就不要再送了，赶紧回去吧。”部队缓缓地离开了那个地方，百姓们都大声喊着：“再见了，战士们，你们要好好作战，保重身体啊。”

（三）助力鄂西大捷

1943 年 4 月下旬，日军为了打通长江上游航线，攫取中国船舶及洞庭谷仓，窥伺重庆门户的目的，预备向对鄂西地区的中国军队发动进攻。这次战争的成功对日军来说非常重要。因此他们调集 6 个师团、1 个旅团的兵力和 200 余架飞机，在第 11 军司令官横山勇指挥下，向鄂西地区展开强力攻势。而我军则是在第 6 战区集中第 33、第 29、第 26、第 10 集团军和江防军等部队，在代司令长官孙连仲指挥下进行顽强抵抗。我军制定了非常精密的作战方针。首先是在某些既定阵地上给日军以打击，不断延长日本向上游进发的作战时间，消耗其兵力和物力，降低其作战的信心和士气。然后将日军引诱到石牌要塞和渔洋关间，我军再由原来的防备转入积极的攻势，利用当地有利的作战环境，最后歼灭敌人于长江西岸。这个作战计划除了要求以上作战的部队在主力战场发动攻势以外，还要求其他的部队要在其他地方加以辅助，分散敌人的兵力，以牵制敌人的行动。我军早已部署好各个阵地的兵力，做好防备。异常激烈的鄂西会战即将展开。

许国璋收到上级的命令，率领一五零师担任防守津市、澧县等地区的重要任务。许国璋带领部队火速赶往该地，并且向大家分配任务，让各旅找到合适的位置驻扎起来，随时待命。

津市和澧县位于湖南西北部，与鄂西战区毗邻，战略位置非常重要。敌军已派遣重要部队和重型武器来攻打这些地区。许国璋自知任务非常艰巨，心里很着急。他见战士们有些懈怠，心想：“出川抗日已经五年，出征时的那支队伍已经遭到严重的打击。死的死，伤的伤，活着的人呢，随时都面临着死亡的危险。但是军人就算是死，也得是死在战场上。敌军有那么多飞机大炮，而我军的武器的确很落后。但是战士们现在的情绪有些低落，这并不是哀兵必胜的征兆啊。是战士们不想战斗了。我必须召开一次全体会议，鼓鼓士气才行啊。”许国璋不知道，1943 年的抗日战争的确是黎明前的黑暗。但是他那种义无反顾的坚持，的确让人敬佩。

第二天一大早，军队里就吹响了集结号，许国璋气势威武地站在台上，用有力而略带沙哑的声音，慷慨激昂地喊着：“兄弟们，战友们，为国捐躯是军人应该的本分。古往今来，有很多英雄豪杰战死沙场，在后世留下美名。但是牺牲得更多的还是那些没有留下姓名就默默死去的战士。他们为了保卫祖国的疆土，抛头颅，洒热血，值得我们所有后人的尊敬。现在正是抗战艰难的时期，大家务必好好坚持下去。如果谁想要临阵逃脱，必定严惩不贷。眼看着日本人就快要攻入重庆了，我们这里是非常重要的防护。大家一定要打好精神，提高警惕，与日本人决一死战。我们今天就去杀向敌人的主力部队。”战士们在师长英勇精神的鼓舞下，齐声大喊着：“杀，杀，杀……”看着士兵们情绪高涨，许国璋暗暗高兴地想：“现在就是需要这样的精神士气啊。日军已经作战六年，早就已经没有坚定的信念了。我军如此高涨的气魄，才能给敌人强大的震慑啊。”

一天，天气晴朗，太阳悬在半空中，发出耀眼的光芒。战鼓“咚咚咚”的震天响，激烈的战斗马上就要开始了。我军到达早已布置好的作战场地。机枪手、狙击手、炮手等都各就各位，时刻准备着反抗日军的攻击。“哒哒哒……”日军开着坦克进入我军地阵地前沿，同时敌机轰隆隆地飞到在我军阵地上空盘旋侦察。坦克具有强大的攻击性和杀伤力。我军派出部队里最厉害的狙击手和炮手攻击敌军的坦克和飞机，但是非常棘手，久攻不下。许国璋亲临前线，看到如此战况，很担忧，赶紧想出制敌的方案。一颗炮弹就落在许国璋所在地的不远处，小王看到这里如此危险，就劝师长赶紧离开。师长用望远镜观察敌情，对他摆摆手，并说了一句：“现在战况紧急，我必须得和战士们一起作战才行。你去做你该做的吧。”说完，又继续观察分析敌情了。时间一溜烟儿地过去了，双方对峙着。但是我军由于装备更落后，再加上不断地消耗，有些坚持不下去了。许国璋想，应该立即采取别的手段才行。于是对指挥官说：“必须立刻派几支精锐强悍的队伍，深入敌人内部，突出重围才行。你赶紧传令下去，让我们平时特别训练的那几支队伍立刻采取行动。养兵千日用兵一时，今天就需要考验他们的胆量和作战能力了。”指挥官大声回答道：“是，师长。”“轰”，又一枚炮弹从空中投递下来，在指挥部附近炸开了。许国璋知道此时作战激烈，很不安全，但是仍然将生死置之度外，并且到第一线，鼓舞士气。我军将士看到师长不顾枪林弹雨，来鼓励他们，作战信心进一步加强。敌军猜到我军肯定有重要的领导人物亲临战斗现场。于是派出狙击手寻找许国璋的所在之处，想要枪击他，以乱我军军心。当许国璋预备走到前沿阵地观察时，给了敌军狙击手一个机会。而当狙击手准备扣动枪时，阳光一闪，子弹击中了许国璋身边的小王。许国璋看到小王中弹倒地，立刻俯下身，查看他的伤口。子弹击中了小王的要害。许国璋声音有些呜咽：“小王，小王，你坚持住。我立刻叫人给你治疗。”小王非常虚弱，奄奄一息，摇摇头说：“师长，您……您一定注意安全。战……战争一定……会胜利。我……”小王没有说完，就断了气。许国璋痛哭起来，抱着小王：“兄

弟，你走好。我一定会给你报仇雪恨的。”旁边的人看着小王离开，都伤心地流泪了。小王平时是个助人为乐，爱说爱笑的人。大家都把小王看成弟弟那般，非常亲密。而此时，那个生龙活虎的小伙子再也不能给大家带来欢笑。可是战斗还在继续，将士们来不及悲伤，又继续去前线作战了。

经过一天的奋战，一〇五师全线击溃来犯日军，给敌人以致命的打击。到了夜里，大家只能将白天牺牲的战友集体埋葬。大家站在那些矮矮的土丘前面，默哀着，痛哭流涕。战火夺走了一个个年轻鲜活的生命，他们平时都是亲密的好战友。由于彼此都是离开家乡，在外抗战，平时就相互照顾，相互依靠，像是兄弟姐妹那样。而如今，这些亲密的伙伴一个个都离开，实在是令人悲痛不已。大家默默地站在那里很久，除了对战友们的悼念，内心更有对敌人的仇恨。入夜后，大家情绪低落地回到营里，静静地休整。许国璋回到营里，依旧想着小王，这个平时在他身边专门照顾他的人。他渐渐陷入了回忆，曾经他也是一个想要为国献身的热血青年。

（四）回忆青年时光

那是十几年前的事情了，他才二十多岁。在合川军官传习所接受训练的时候，他经常去附近的佛堂里听高僧讲经。本来是年轻人，本不应该这么迷信的。但是在小时候，母亲一直非常虔诚地烧香拜佛，也总是对他说：“儿子，你一定要相信菩萨，要尊敬菩萨，他会保佑你平安健康的。”这么朴素的信仰，总是可以给母亲带来安慰的。少年时的许国璋也相信母亲的话，母亲怎么会骗他呢。可是等他渐渐长大，知道一些社会政治时事之后，他有些想不明白：“为什么菩萨不保佑祖国免受那些外国的欺负呢。”他还用这个问题去请教他的老师，可是老师也回答不上来，只是说：“老师不中用了，回答不了这些问题。如果你想知道答案，你就自己去看看书，找到答案。”于是他自己便去看一些佛家书籍，渐渐明白了母亲为什么会那么信服菩萨。菩萨是人们的精神寄托，让人产生一种希望，并努力去实现自己的希望。

这天他又去寺庙听高僧讲经了。他非常认真地听完之后，准备向高僧请教这些年来，他一直都比较困扰的问题。他非常诚心地问："大师，菩萨普度众生。在太平年代平凡人都知道自己努力，去实现自己的心愿。但是现在国家受到外国的侵略，国内又军阀混战，互相抢夺地盘。菩萨怎么普度这么多的人呢？很多人没地方住，没饭吃，病死的，饿死的不计其数，怎么脱离苦海。国家又怎么又是由谁来拯救呢？"高僧知道这个年轻的军人是关心国家大事的，也非常焦急。于是回答："佛以助有缘之人成佛，普度众生脱离苦海为宗旨。你能立志成为军人，那冥冥之中的安排，也是受到神明的指引。只不过这些你以前没有意识到罢了。现在你已经知道自己的天命，你就知道你自己该怎么去做了。"许国璋点点头，说："军人就以应该救国救民为本职。佛度众生脱离苦海，军人也应该报效祖国啊。"高僧微笑着点点头："年轻人，看来你已经明白自己的道路了。你没什么疑问了吧。""没有了，大师。"许国璋说完，转身离开寺庙。以后他遇到那些担忧国家安危，又不知道怎么做的年轻人，总是积极地鼓励他们以自己的方式去做、去努力，不要光想不做。

而遇到小王时他正驻守大洪山。小王是当地一家农户的长子，家中只有他和母亲二人照顾瘫痪的父亲和弟弟妹妹。可是有一天，日本人轰炸了他所在的村庄。全村的房子都被夷为平地，所有的粮食也都被日本人抢走，而村民则都被日本人给杀害了。小王的母亲，妹妹还有父亲都遭遇不幸。而那时小王正和十岁的弟弟在山上做农活，才逃过一劫，幸免于难。他和弟弟回到家，看着破灭的村庄，感到很绝望。他恨日本人，想要为家人还有村里的其他人报仇。他安葬了那些死去的人，却不知道自己该怎么办，该何去何从。恰好，许国璋的部队刚刚在他村庄附近的山里驻扎。他就带着他弟弟上山参军。那些士兵都做不了主，就直接把他交给了许国璋。许国璋看着满脸带着悲伤和仇恨的小王，仿佛看到了当年的自己。许国璋对他说："小伙子，我已经听说了你的事情。你先在这里缓缓情绪吧。你没有受到正规的军事训练，就暂时帮我做事吧。至于你弟弟，就让他到后勤部帮帮忙。报仇的话，来日方长，等你以后有本事了，再说吧。"就这样，小王就待在了军中，慢慢地成长。平时他也跟着士兵们一起训练，并且学习一些军事知识。两个月过去了，他慢慢懂得了不只是他的家遭到毁灭，而是许许多多的家庭都遭到毁灭。整个国家都受到了日本人的侵略。他渐渐地将家仇转为国恨，明白只有赶跑所有的日本人，中国的家庭才能像原来那样平平安安。许国璋看他渐渐懂事了，就语重心长地对他说："看你的身板，你是个当军人的料，明天我就向队里申请，让你正式入伍吧。现在国家处于危难，需要我们大家团结在一起，共同反抗敌人。你就好好学习本事吧。这样才有能力赶跑那些可恶的日本人了。”小王认真地点点头，说：“是，师长。”许国璋亲切地说：“以后私下里还是叫我大哥吧。还有，你要好好教你弟弟读书认字。他年纪还小，要好好地教他，以后才有出息。好好向队里其他战友多学学吧。当军人就得有军人的素养和规矩了。好好干，小伙子。”

小王的音容笑貌依然深深地刻在许国璋的脑海中。这几年，他们在一起吃过多少苦，受了多少罪。原本打算，如果战争结束了，就一起回到四川。让小王认父亲为干爹，一起组建一个更加美好的家庭。可如今，小王却一个人先离开了。许国璋又怎么不伤感呢。他想着想着，辗转反侧无法入睡了。

（五）乘胜追击

等到天快亮了，侦察员来报告：“由于昨天敌军受到重创，今天已经退到西北方向去了。师长，您看我们该采取什么行动呢。”许国璋想了想，说：“敌人慌慌张张向后撤退，肯定是后援部队还没有到达。我们马上乘胜追击，一定能吓得他们举手无措。他们肯定想不到我们会再突袭一次。你赶紧传令下去，叫部队立刻出发，追击敌人。”正如许国璋所料，敌人的防范果然很薄弱。我军高声喊着：“为死去的兄弟姐妹报仇。”全军冲向敌人，一举将敌人击得溃不成军。剩余的残兵败将都落荒而逃，丝毫不能反抗了。

尽管后来敌军的后援部队来到这里支援，并运用他们的强大武器，向我军发出强大的攻势。我军在许国璋师长的英明指挥下，斗志昂扬地进行反抗。几个月过去了，日军依然不能突破我军防线。一五零师在防护津市、澧县等地做出的重要贡献，为鄂西大捷发挥重要作用。许国璋以及他所领导的师团都受到了上级的表扬。

第三章　湘内洒热血

第一节　常德居要塞，太浮制敌难

（一）常德会战

鄂西会战之后，国际形势对日本越来越不利。

苏德战场上苏军正在全线发起反攻，已推进至斯摩棱斯克和第聂伯河一带；美英联军在突尼斯击败德意联军，然后在西西里登陆，意大利法西斯党首墨索里尼被迫下台，意大利法西斯政权随后就投降了；美军在阿留申群岛、新乔治亚岛登陆后，正在新几内亚等地攻击日军。日军不仅在太平洋战场上节节败退，其海军及航空兵也遭到毁灭性的打击。日军大本营“从战争全局要求出发，不允许中国派遣军进行任何进攻作战”，所以日军第 11 军在鄂西会战结束后的 4 个月内没有向周边的第五、第六、第九战区进攻，而这 3 个战区的部队也没有对日军进攻，双方形成“和平”相峙。

国民政府为了与盟军协同打通中印公路，先后从第六、第九战区陆续抽调 7 个军转用于云南及印度，准备反攻缅甸。日军为牵制中国军队不再向印度、缅甸转用，以呼应其南方军在印缅的作战，因此计划再次组织进攻湖南。

1943 年冬天，日本陆军预备发动“常德会战”。那日军为什么要进攻常德呢？原因有四。

其一是常德的战略地位十分重要。常德是湘北重镇，地处沅江下游，东接洞庭湖，下通岳阳、长沙、湘潭；溯江而上，可达贵州省的铜仁、镇远；并有公路与长沙相连，是湘北、湘西的门户，地位极为重要。自古以来就成为兵家必争之地。武汉失守后，这里成为重庆大后方的物资唯一补给线。其二是动摇重庆国民党的抗战信心，以战逼降，达到所谓“结束中国事变”的目的。其三是歼灭国民党守军力量，摧毁第六战区根据地，夺取洞庭湖粮仓，达到以战养战和巩固中国占领区的目的。其四是钳制中国兵力，迫使集结云南的中国远征军回师救援，以阻止或推迟东南亚盟军的联合反攻。

日本的皇军五个战略集团之一的中国派遣军以第十一军司令官横山勇为总指挥，集中了五个师团、四个支队共八万兵力和一百三十余架作战飞机，准备对我军发起攻势。攻势从11月1日开始，日军五个师团兵分三路，依原定计划，全线出击。第三十九师团与第十三师团为左翼，直取我军第十集团军主力阵地；第六十八师团居中，准备自两个集团军交界中间穿过，进攻慈利；而第三师团则赶在第二十九集团军前渡江，希望捕捉王缵绪集团军的主力。日军主攻常德的“奇兵”第一一六师团，则经水运渡过洞庭湖，在第二十九集团军的右翼澧县一带登陆，一面包抄第四十四军，一面兼程直取常德。日军这个布置有其深意。细俊六集结了所有华中方面能动用的兵力将近九万人，除了五个师团的2/3外，再加上独立第十七旅团、第三十四、第三十二、第五十八师团的一部，并安排第四十师团协攻牵制第九战区，规模远远超过国军的预期，第十一军在规划上，希望能一举歼灭国军的第一线兵团两个集团军，并以两个善打攻城战的主力师团钻隙。第六十八师团由中境切入，第一一六师团则籍舟艇在洞庭湖面进行“水上机动”。

此时，阻击西北一路敌军的任务落到了川军二十九集团军肩上。集团军总部命令四十四军军长王泽浚率一六一师到常德西北四十公里的漆家河协同友军侧击敌人。同时命令在南县、安乡作战的许国璋率领一五零师向西南转移，占领常德北面的太浮山，并以太浮山为根据地，与相邻的一六二师相呼应，准备攻击敌后。官兵们都清楚，太浮山是常德近郊的制高点，战略位置十分重要，只要占据着太浮山和邻近的太阳山，日军即便是占领了常德，也无法立住脚。

（二）相逢即是缘分

1943年秋季，许国璋率领部队在南县和安乡一带阻击敌人，辗转作战已经有二十多天了。敌军依然是使用机枪大炮等武器，而我军的弹药已经所剩不多。已经入秋了，天气已经有了徐徐凉意。我军的士兵们依旧穿着破破烂烂的草鞋行军作战。

许国璋自然也不例外。

有一天晚上，后勤部的小张前来报告："师长，后援的物资已经到了。比起前几次的物资，这次的物品数量少了很多。您看怎么分配一下呢？"许国璋舒展了一下眉头，点起了一支烟，说："现在作战那么艰难，军需不足是情理之中的事情。你叫各个连队的连长到后勤部将他们连队所需要的必需品作好登记，然后再去做好分配吧。尽量要照顾那些身子骨比较虚弱的战士吧。"说完，他又埋头沉思，现在作战面临越来越多的困境。许国璋有些烦恼。许国璋看小张还没有走，就问他："你还有什么事吗？"小张有些紧张，小声地说："师长，我们都知道您生活非常简朴，但是您的军大衣已经很破了。马上就要深秋了，您还是换一件厚一点的大衣吧。上面专门给您配了一件大衣。"许国璋看了看自己那缝满补丁的衣服，已经又有很多地方磨破了，依然摇摇头说："这衣服布料还很结实。我会叫人帮我再补补就行了。兴许，还能穿它一个冬天呢。新配的那件衣服给部队的老李吧，他都年满五十了，身体又不是很好，依然坚持着抗日，不容易啊。你快下去执行命令吧。"说完，他又继续研究作战计划了。

军用物资的到来，暂时缓解了部队中的困难。但是这并不是长久之计。战事很激烈，因此军用物资的耗费也非常大。许国璋只能带领部队慢慢前进。

有一次，许国璋率领军队到了一个村庄。村庄里并没有人，而且非常残破，应该是不久前被日军扫荡了。时间已经是傍晚，许国璋就下令在此处安营扎寨，暂作休息，明日继续行军。忽然，许国璋看到一所破旧的土屋里闪着微光，紧接着冒起了袅袅炊烟。许国璋说："看来还有一家农户。我前去问他借一些柴火。你们就不必过去了，可能会惊扰到他们的。"许国璋走过去，轻轻地敲了敲木门："请问有人在吗？我是国民党军队里的军人，走到这里，想要问你借一点柴火。"一连敲了几下，才有人来打开木门。只见一个又黑又瘦的，大概就六七岁的小男孩怯生生地望着许国璋。许国璋怜悯地看着他，眼角都有些湿润了。他正预备问孩子有没有大人在家时，一个老奶奶颤颤巍巍地拿着油灯从旁边的小土房里走了过来。她已经七十多岁，满脸都是岁月刻下的皱纹，而且后背已经很驼了。许国璋看着她走得缓慢，又好像要跌倒的样子。他走进屋里，赶紧去扶着她："老人家，您小心一点。你不要害怕，我是不会伤害你的。"老奶奶用非常微弱的声音说："我都一把老骨头了。我不怕。只是我的孙儿啊，实在是太可怜了。"她刚刚一说完，身体又有些摇摆。小孙儿立刻跑过来扶住奶奶，和许国璋一起扶着她去坐下。许国璋看着这婆孙俩，仿佛是看见自己的母亲和儿子，一见如故。他温和地问："老人家，你是在煮什么东西吗？"老人家笑了笑，说："不碍事的，我正在做晚饭呢。小石头，你快去给奶奶看看锅里的番薯根熟了没有？”小石头看了一下许国璋，就飞快地跑去厨房了。许国璋亲切地问：“老人家，家里就是只有你们了吗？村里的人呢？”老奶奶眼里布满着恐惧，然后才缓缓地说：“我的儿子也就是小石头的爹，早就去参军抗日，结果不到一年就阵亡了。前些日子，日本人来到我们的村庄，抢走我们的粮食，杀死村里的人。小石头他娘不愿意被那些日本崽子玷污，就自杀了。小石头看到他娘自杀，伤心地说不出话了，成了哑巴。然后，我和小石头躲在我们家的地窖里，躲了三天三夜，才敢爬出地窖。现在村里就只剩下我和小石头相依为命了。”老奶奶说着说着，眼泪就流下来。许国璋看着她，心疼地说：“老人家，你不要太伤心，你们能活下来就是不幸中的万幸了。”许国璋说完，朝他们的锅里望了望，只看到一些番薯藤在一锅水里翻滚着。许国璋说了一句：“老人家，您在这里等着我。我出去一下就回来。”许国璋赶忙跑回营里，叫后勤部的小张拎了一袋面粉跟着他走。他们来到小土屋里，看着小石头津津有味地嚼着番薯藤，还跟奶奶把番薯藤夹过来夹过去的推让着。奶奶微笑着，看着孙儿吃着东西，稍微感到一丝安慰。她自己却并不怎么吃。许国璋微笑着，对她说：“老人家，这是我们的一定心意。您拿着吧。”老奶奶看着这一袋面粉，很感动，说：“你们自己拿着吃吧。我家还有一点点存粮的，而且我们白天还会上山去挖野菜的。你们军人打仗那么辛苦，就自己留着吃吧。”许国璋知道老奶奶说的是谎话。所以他并没有听从老奶奶的话，而是把那袋面粉放进她家那空空的米缸里面。“老人家，您就收下吧。小石头要吃东西长身体。我们能做的就只有这些了。你们慢慢吃吧。我们走了。”许国璋说完，走过去抱了抱小石头，就像是抱他自己的孩子一样亲热。小石头知道军人叔叔并不是坏人了，就高兴地和他拥抱。小石头似乎明白，以后再也没有人会像叔叔这样抱他了。老奶奶看着他们就像父子俩一样亲密，很是安慰地说：“今天，是小石头自他母亲离开以后最高兴的一天了。可惜你们马上也要走了。小伙子，我有个不情之请。你能不能今

晚就住在这里，陪着小石头啊。”许国璋想了想，有点犹豫。这时小张说话了：“师长，您就满足老人家的愿望，留在这里吧。战士们已经安顿好了。今晚估计是不会有敌军偷袭的，您就安心留下来吧。”许国璋听了小张的劝说，才勉强答应留下来，然后说：“看来我跟这小家伙有缘。好吧。那有什么情况你就立刻通知我。”

这晚，许国璋抱着这个瘦弱的小石头睡着，心里满满地有种幸福感。他回想起几年前和康儿一起赶集的场景。康儿比这小家伙大两三岁呢，如果遇到一起就可以快快乐乐地当兄弟了。可是他已经好几年没有看到自己的儿子了，心里的那份牵挂始终是无法割舍。看着已经睡着的小石头，默默地流泪了。

第二天，许国璋正要离开的时候，小石头望着他，眼睛里满是泪水。小家伙对那个温暖的臂膀有着万分的不舍。许国璋转过身，再一次抱起了他，悄悄地说了一句：“真希望做你的爸爸。小石头，你要好好照顾奶奶。有机会，我会回来看你的。你要健健康康地长大。”小石头紧紧地抱着他，舍不得放开。许国璋忍住眼泪，一狠心，将小家伙放下来，转身离开了。小石头想要跟着跑去，被奶奶拦了下来。于是他抱着奶奶，却一下子哭出声来，用支支吾吾的声音喊着：“许叔叔，许叔叔……”奶奶听到小孙儿的声音，激动地告诉许国璋：“小伙子，我的小石头会说话了。你以后回来看我们呐。”许国璋听到老婆婆的声音和小石头稚嫩的声音，转身回过头喊着："老人家，快回去吧。我一定会回来看你们。"

离开小石头的家以后，许国璋带着部队继续前进。

（三）转移受阻

一连几日的瓢泼大雨，许国璋带领部队艰难地行走着。更加糟糕的是，敌军又不断派来强大的后援部队，再加以重型武器来进攻我军。

许国璋率领一五零师在安乡一带，顽强地抗击敌人。这天晚上，天又下着大雨。许国璋带领着部队赶往下一个营地。天黑路滑，大家行走得很艰难。许国璋骑着马，正在想以后应该怎么阻击敌人。这时，小刘来报："报告师长，机枪手李超的手和脚都受了伤，需要紧急的救治，但是现在马匹不够。该怎么办呢？"许国璋关心而又急切地说道："赶快叫卫生员骑上我的马，带着他赶往下一个营地的卫生医疗站吧。"小刘回答："是，师长。"许国璋下马来，跟着大部队一起行走。

到了目的地之后，许国璋又到卫生部去看望那个受伤的机枪手李超。李超手和脚的伤口都得到了包扎，正躺在病床上休息呢。他看见师长来了，想要起身。许国璋赶紧走过去，按着他，说："赶快躺着吧。"李超忍着伤痛，有些激动地回答："师长，这只是皮外伤罢了。当时作战实在是太激烈了。我在班长的指挥下，做好预备工作。但是敌人实在是太多了，而且又不断地向我们发出疯狂的进攻。我们奉命进入碉堡阵地和散兵壕防御工事阻击敌人。只听班长冲我喊了一声‘打！’机枪喷出火舌，冲在前面的几个鬼子顿时倒下了。鬼子疯狂反扑，我握机枪的手都震麻了，后来觉得手掌黏糊糊的，一看是血——是跳动的枪身把我的手掌震裂了。我的腿是后来撤退的时候，被一个石头砸伤的。”许国璋看着他，听他讲完，然后关切地说：“好好养伤吧，以后才能继续为国尽忠。今天已经很晚了。你就早点休息吧。”说完，许国璋又转身去看其他的受伤战士了。

经过接近一个月的艰难作战，一五零师伤亡惨重，军队里的武器都残破不全了。正在这时，许国璋接到向太浮山转移的命令，于是他当即就率领队伍摆脱敌人后撤到澧水岸边。可是战场形势极为险恶，瞬息万变，全师刚刚才做好休整，就得到右前方澧市正面的敌人已经渡过澧水，正向我一五零师截击而来的消息！

澧市位于常德正北一百公里处，而南县、安乡位于常德北偏东九十公里的地方，澧市、南县和太浮山在平面上呈三角形分布。很明显，一五零师如果不赶在敌人的前头到达太浮山，就会被从右前方澧市而来的敌人截住，再加上后面的追兵，全师将在滨湖地带被敌包围而陷入全师覆没的困境。

当晚，大雨倾盆而下，许国璋坐在营地，和将士们一起讨论，到底应该怎么才能突出重围。许国璋说：“现今状况十分危急。大家都各抒已见，找到解决问题的办法。”大家都很焦急，想着办法。过了好一会儿，王旅长说：“不然我们派出几支精壮部队，首先突出重围。如果他们完成得迅速的话，他们就能很快到达太浮山，与其他友军取得联系了。到时战况将会有所好转的。”许国璋听了，并没有马上给予答复，提出疑问：“现在部队受到严重的打击，精壮部队已经不多了。如果还要派出他们，那么主力部队要是遇到严重的危险，那又怎么办呢？”王旅长充满信心地答道：“师长，我是这么想的。派出精装部队后，我们可以再分成几个队伍，绕开敌人的包围圈，然后分别撤退出去。师长，您认为怎么样呢？”许国璋沉思了一下，说：“为今之计，就只能这样了。趁着今晚下大雨，敌人很有可能会疏于防范的。我们就趁此机会突围出去吧。你们认为如何？”其他的将士们都点点头，表示同意。“那大家就分头行动吧。抓紧时间啊。”许国璋有些担忧地说。

天依旧下着瓢泼大雨，许国璋领着他的部队开始突围，他们一路快跑，马上就要接近敌人的阵地了。敌人的防范果然非常松散。由于下着大雨，那些本来应该防守在外面的士兵都坐在用油布搭建的雨篷下面聊天。这是突围的大好机会啊！大家都遵守师长的要求，拿上树枝树叶等作为掩护，悄悄地绕过这些士兵的视线。可是没有想到，敌军的军犬突然发出一阵狂吠。

那些日本军立刻提高了警惕，到处东张西望，查看异样的情况。幸好许国璋他们走得非常隐蔽，听到狗吠后，就立马蹲下，没有被那些日本军发现。这时一只野狗跑了出来，走到日军避雨的雨棚下面了。它瘦骨嶙峋的，全身都被打湿了，奄奄一息的，预备趴到雨棚下面干燥的地上。日军看到只是一只野狗，就放松了警惕，用日语朝着那支狗骂了一句："八嘎。"其中一名日军摸摸肚子，朝另一个士兵耸耸肩，然后指了指那只野狗。另一个士兵立马会意了，拿出军刀走向了那只狗。那野狗估计是饿得不行了，看着有人拿刀向它走过来，想要逃跑。可是外面又下着大雨，它跑了几步就跑不动了。那日本兵立刻用刺刀刺向了它，只听到野狗呜咽叫了一声，就没气了。那几个日军就大笑起来，预备把狗剥了皮毛，点着火，烧了吃。许国璋看到这一幕，心里使劲地骂着："这些该死的日本崽子，连条狗都不放过，实在是太可恨了。"但是时间并不允许他这么愤怒着。他身边的小张轻轻地说："师长，再不走就来不及了。"许国璋听了，只能愤然离开了。

经过两天两夜的赶路，许国璋以及部队快要撤出驻守在澧市的敌军的包围圈。彼时，我军已经非常疲惫了。当天晚上，许国璋和战友们来到一块背靠着山的平地上。当晚，天气还比较晴朗，一牙月亮在天空中悬着，山上还吹着凉爽的风。战士们提议就不用搭帐篷，只需要在地上垫一层防潮垫就好了。许国璋心想：“也好，这样还能看看月亮呢。”于是他说：“那就派两名战士轮流站岗监察吧。”但是由于大家都争着巡守，要其他的战友好好休息，彼此争持不下。许国璋有些严厉地说：“那就我和小张一起巡守吧。大家走了两天了，非常辛苦。这是命令，大家必须遵守。”大家只能遵守师长的命令，就地休息了。等到大家都睡着了以后，许国璋还到四处去巡视了一遍，顺便还捡了一些干柴回来。这时，师长和小张一边给火堆添火，一边聊起了天。许国璋温和地问道：“小张，你今年多大了，是哪儿人啊？”小张刚入伍不久，一直在后勤部工作，帮大家整理军需物资。他早就听说师长表面上看起来严肃，其实平时

最能和部下谈天说地，和战士们打成一片。小张有些腼腆，笑了笑说："师长，我今年21岁了。父亲已经去世了，只有母亲和我的妻子、儿子一起生活。我是湖北黄冈人。"虽然大家都讲着自己的方言，但是沟通起来，没什么任何障碍呢。许国璋笑了笑，说："以后私下里叫我许大哥就好了。那你为什么要来参军呢？"小张顿时就有些气愤了，他说："因为我的父亲就是被日本人给杀死的。我父亲只是一个普通的小老百姓。当年武汉发生战乱，我父亲背着一些粮食去武汉去看望我的叔叔。我叔叔是读过大学的人，有学问的人呢。他毕业后就怀着满腔爱国热情在武汉教书，才一年，就生病了。我爸爸看完我叔叔正准备回来时，武汉就爆发战乱。我父亲就被日本人当成间谍，杀害了。我叔叔写信回来告诉我们这个消息时，我娘当时就吓昏了。她不能接受这个事实。我当时就蒙了，不知道该怎么办。我叔叔就给我提议说，叫我先成家。成了家，有了孩子，再去参军给父亲报仇。因此等我成了家，我就去参军了。现在想想，能为国家人民赶跑这些可恶的日本人，是我这一辈子最值得骄傲的事情。"许国璋说："嗯，就是要有你这样的报国胸襟。好样的。"小张摸摸后脑勺说："等战争结束了，我就可以回家看家人了。"许国璋笑了笑说："嗯，夜深了，你快睡吧。明天还要赶路呢。这是命令。"小张只得遵守，说："师长，那一个时辰以后，您就叫我。"

小张两眼一闭，打着哈欠，睡着了。许国璋也很疲倦了，但是他还是努力睁着双眼。他看着那轮月亮，洒下皎洁的月光，不禁又想起自己的家乡。要是现在就可以看看家人，和他们团聚，那该多好啊。

当他正眯着眼，打一个盹儿的时候。突然眼前白光一闪，许国璋睁开眼。抬头一看，月光下，一片白晃晃的刺刀近在眼前，一群鬼子弓着腰正悄悄向他们这边摸过来。 许国璋大叫一声：“鬼子来了。”战士们被师长这一声呼喊惊醒了，赶紧拿好武器，开始防备敌人。敌人见自己已经暴露，就立刻开枪扫射。我军的战士更是开足火力，向日军进攻。小张突然想起，这时应该丢手榴弹，就赶紧去找。可是他刚刚一行动，就被敌人击中了大腿。许国璋看出了小张的心思，就赶紧赶来掩护他。小张忍着剧痛，拿到了许多的手榴弹，并分给大家。大家一齐向敌人扔过去，将那一队敌人炸得鸡飞狗跳。战友们趁机对准敌人一阵猛烈扫射，将敌人全部击溃。许国璋说：“大家赶紧撤离。我们肯定已经惊动了其他的敌人。”这时，小张由于失血过多，已经昏过去了。许国璋急忙让卫生员为小张做一个简单的包扎。然后让人将他背到背上，命令即刻出发。

在许国璋的带领下部队终于突出了重围，踏上前往太浮山的路上。

（四）冬夜军歌，速进太浮山

湖南的冬雨绵绵不断，许国璋部在暗夜里急行军。黑乎乎的夜里，走在泥泞的道路上，雨水透过草帽草鞋，钻进战士们疲惫的身体。战士们虽然脚步沉重，却丝毫不敢懈怠。前面的路艰辛又漫长，许国璋看见战士们咬着牙坚持的样子，心头一紧：日军此时必定正直追而来，等着战士们的还是一场又一场恶战，疲惫的将士怎么受得了！这时候，一个个头瘦小的身影拖着一大包行李一路一小跑地出现在队伍中，许国璋叫住了他：“小鬼，站住！”那小小身影一愣，看见是许将军，急忙立正，行个不太标准的军礼，低着头不敢说话，身体还微微颤抖。许国璋一看，连忙用手揭下他盛满了水的军帽，和蔼地说：“小鬼，别怕！这么小就来跟着我们赶路，叫什么名字，今年多大了？”小鬼抬头看了许将军一眼，犹豫了一下，大声说：“报告将军，我叫史长胜，今年……二十岁了！”“长胜！好名字！”许国璋捏捏他的瘦肩膀，笑了，“长胜得要多长点肉才有力气打胜仗啊！跟许叔叔说实话，今年多大了？”“十……十八”“嗯？”“嗯……虚岁十六”旁边的小张这时候说话了：“许将军，长胜今年刚十四岁，是我们在襄河撤退的时候遇到的。父母都是当地一家开药材铺的，在战中去世，亲人离散，便跟着我们扛枪了。他原本唤作长生，入了队伍便改名作长胜了。”长胜目光炯炯地望着许将军，抿紧了嘴唇。许国璋用大手抚摸长胜湿漉漉的头发，说道：“这么小就跟着我们急行军，能走得动路吗？”长胜一抬头说：“能！将军！我人虽小，可力气不小，在家扛药，入伍扛枪！”许国璋听了，抬头望望急速前进的队伍，对长胜说：“小小年纪，志气不小，我们队伍里就需要这样的精神啊！来，长胜，你起个头唱歌，鼓舞一下战友们的士气。”长胜接到首长的命令，连忙转过身，在冷雨中大声喊起来：“风在吼，马在叫，黄河在咆哮，黄河在咆哮！”于是，队伍中更加浑厚的男中音响起来：“河西山冈万丈高，河东河北高粱熟了。万山丛中，抗日英雄真不少！……”夹杂着风雨的抗日歌声震天，踏着歌曲节拍的步子更急了！史长胜一闪身，归队，加入了这士气浩大的队伍。

这一雨夜，歌声壮威，行军急。许国璋带领部队在浓夜里艰难穿行，不知过了多久，东方终于显出了一丝雨后的霞光，抬眼只见山高路长，两耳边只剩“镗镗镗”的行军之声。突然，侦察员小王骑着快马往这边赶来：“报告将军，进攻津市、安乡一带的日军已突破我防线，迅速渡过澧水！”许国璋听到这个消息，陷入沉思：日军机动部队速度如此之快，已然先我军一步，太浮山告急！刘参谋长立刻主张绕道而行另寻他路：“日军已经先我军一步，再迎头前去，会有一场血腥的遭遇战。更何况日军兵力足，装备良好，我军长久行军，疲乏不堪，恐怕是寡不敌众。”许国璋质疑道：“那占领太浮山的任务怎么办？”刘参谋长叹气说：“如今保存实力重要呀！”许国璋低头良久后坚定地说道："一切应以大局为重！我辈军人为国上战场，生死早已置之度外。太浮山、太阳山是打击日寇的两只铁拳，必须不顾一切先敌占领，我当即率师直属部队跟进。""可是……"许国璋立马抬手制止，顿了顿，鼓励将士们说："敌众我寡，敌强我弱，已是我们的战争常态。在生死面前，谁都会害怕，都会胆怯，但是我们不要忘了，作为一名中国军人，肩上的重任，就是要用这血肉之躯，守住我们的江山，一寸山河也不该失掉啊！"听了许国璋语重心长的话语，将士们都沉默了，他继续提高声音坚决地说："关键时刻，岂能后退！为国而战，是我们的骄傲！参谋长林文波，你随四四九团团长谢伯莺作先头，迅速渡河急驰太浮山占领各要点，掩护后续部队到达！四四八团，四五零团我命你部分头向太浮山速进！""是！""是！"各团长听令，坚决服从，捍卫河山。许国璋看着团长们坚毅的面庞，继续说道："太浮山、太阳山是打击日寇的两只铁拳，必须不顾一切先敌占领，我将率师部直属部队和两连战士跟进，直插太浮山。"

（五）太浮失手，痛失长胜

于是，各部队纷纷集结，各指挥装备一一到位，准备分头行动。一时间，号令声声震天。许国璋率领师部和两连士兵，在被战争摧毁的村子里暂作休整，为接下来的战斗做准备。

看得出来，这个村子在战前一度是繁华集市，可现在，仅剩残垣断壁，了无人烟了。许国璋部集合队伍，重新整编，分部做暂时性的休息。刚刚坐在干草堆上，许国璋便看见一个熟悉的小小身影跑进跑出，便连忙叫住了他："长胜！该休息的时候了，还忙活什么呢！"史长胜连忙站住，说道："报告将军，长胜要给伤病员敷药，不休息！""好孩子，忙完了就过来坐着吧！"过了一会儿，长胜气喘呼呼地回来了，可却神情扭捏。许国璋看在眼里，便关切地问道："长胜啊，有什么心事吗？是不是太累了？"

"不累……"

"那有什么心事，不妨讲给我听听？"

"许将军……"长胜犹豫了一会儿，终于说："长胜想上战场杀鬼子！可是为什么有的部队都走了，我们却在这里休息，不是英雄好汉！"

"长胜啊！"许国璋听了，不禁微笑，"傻孩子，这是部队的命令，就得坚决执行，每个人都有每个人的任务，只有相互配合，才能打好一场战斗，才能战胜鬼子收复河山，不能只凭个人的一腔热血，你说是不是？"

"是！可是……"

"长胜，你知道我们的任务是什么吗？"

长胜摇头。

“那就是在先头部队到达以后，主作战部队给予敌人迎头痛击，相互配合形成包围圈，歼灭敌人，占领太浮山！我们现在的休息，就是为了明天的恶战！”

“真的？这么说，明天我们就要上战场杀鬼子了？”

“是这样，好孩子！”望着长胜脸上的笑容，许国璋心中却隐隐为先头部队的命运担忧；想到日军高效的行军速度，对比敌我的装备，他陷入了沉思。

第二天一大早，许国璋一部便整装出发，经过一夜的休息，部队的脚步又坚实了许多。史长胜主动提出扛上长枪，迈着坚定的步伐小跑着伴随将军左右。

山路崎岖，四周都是树林子，部队默默前进，只盼着比敌人先行到达太浮山。刚下过雨的树林子绿油油的，雾气弥漫，甚至有鸟儿在林子深处低鸣。除了队伍的行进声，四周显得安静极了。在这一片少有的安静氛围中，许国璋却隐隐嗅到了一丝不祥的气息，抬眼警惕地注视着周围。

突然，一个呼哨，一声枪响，许国璋立马明白过来，大喊：“注意了！有埋伏！”说时迟，那时快，一片枪上膛的声音，环视四周，发现了西北部的小山包上，一小伙日军埋伏在那里。一时间，手榴弹，枪药齐发。许国璋指挥部队前部立马从侧翼包抄。面对行军中常有的埋伏，许国璋部配合默契，在十多分钟内便一举歼灭了几十个日军。正在大家松了口气的时候，却传来了一个孩子的呻吟，原来是史长胜！在日军刚开始发动伏击时，史长胜一心想要保护将军，冲在前面，不慎被榴弹射中胸膛，躺倒在了地上。许国璋连忙跑过去抱住了史长胜，大叫卫生员。“报告！”先头部队传令官来报：“我四四九团连夜行军，却被日军发现，暴露后遭遇伏击，双方立刻发生激战。后跟进的四四八团以及四五零团都相继投入了战斗。”长胜也不知有没有听懂这个消息，艰难地说道：“许将军，你等我一会儿……我包扎一下就站起来，去……杀鬼子，夺，太浮……”他话音未落，已经停止了呼吸。“长胜！”许国璋七尺男儿，

抱着怀里已经被鲜血浸透的孩子，悲痛不已。

“将军，现在怎么办？”

许国璋强忍巨大的悲痛，站起身来，眼睛里重新露出了坚毅的目光：“长胜的心愿必须完成，夺回太浮山是我们的最终目标，绝不改变！”

安葬了长胜之后，许国璋悲愤着，继续带兵迅速前进。半路上，他仍觉得速度不够快。于是他又找到两位团长，命令他们说：“我军派出的三个师团都在快接近阵地的时候，遇到敌人。可见敌人夺取太浮山的野心也是极大的。你们两位立刻带领各自的团队，轻装上路。既可以支援我们的人，又能勘察敌情。我将带师部及辎重随后赶到。事不宜迟，你们即刻出发，争取可以赶在敌人前面。”

可是，许国璋没有料到，已经渡过澧水的日军行动更加迅猛。据截获的日军情报表明，渡澧水之敌已经得知前面是我一五零师部的消息，于是迅速计划，企图截击我军。一支日军斜插过来，意在将通往太浮山的道路切断，不让中国军队过去。这一“切”没将作战部队切住，却将许国璋所率的师部和辎重与三个团切开了。现在已经斜切到师部的前面，因此许国璋所率领的师部通往太浮山的道路已经被截断！日军见到中国军队，就急忙展开攻势包抄过来，想要前后夹击一五零师。又是一系列的反击防卫之战，许国璋率部且战且走，退至太浮山下的一个村庄里。

第二节　宁慷慨就义，不仓皇苟活

（一）釜底抽薪，做背水一战

这天晚上，部队刚刚驻扎在村里，许国璋就立马召集师部将领，展开地图，商量对策。许国璋指着太浮山周围的地形图冷静地分析，然后指着陬市的图标，说："敌人虽然行军速度快，截住了我军前往太浮山的道路，但是敌军对我军的最终目的并不清楚，只妄图在半路伏击。我们正可以利用敌军的这个急切心理，请君入瓮！""你的意思是说退至陬市？"师参谋长林文波参谋长看着地图略一思忖后说道。"对！"许国璋继续说，"陬市是通往常德的门户，而且构筑有坚固的工事。我部若率军吸引日军的主力部队到达这里，命令部队在此固守，利用已有工事，进行战略部署，拖延敌人进攻常德的时间！这样还能帮助其他友军守卫常德。"林参谋长忧心忡忡地说道："可是，这样一来，我军前路被阻截，后面也是无路可退，只有背水一战啊！"许国璋两手一挥："这个情况我又何尝没有想到呢。可是如今日军进逼得那么急迫，前方道路已经被阻断了，我师部只能背水一战，才不愧军令、不愧祖国！大敌当前，怎么可以前怕恶狼后怕猛虎！"听着许国璋沉重又激昂的话语，林参谋长也连连点头：“师长，您说得对，大敌当前，不可畏惧！”其他将领也齐声附和：“对，大敌当前，不可畏惧！”

作战计划部署完成之后，许国璋即刻率领部队，马不停蹄地连夜到达陬市。陬市在常德正面十余公里，背后便是深深的沅江。我军可利用这里有利的地理环境，把好防卫常德的最后门户。

来到陬市后，许国璋就立刻组织士兵侦查陬市的环境。虽然这里已经筑有一些工事，但是仍不能抵挡敌军。因此许国璋下令再加筑工事，以加强防御。随后他还清点了剩余部队，将兵力都部署到各个据点，迎战来犯之敌。

为了能够抓紧时间好好地做好防备工事，许国璋已经三天三夜没有合眼了。受过多次重伤的他，身体并没有完全康复。再加上连日的操劳，他的身体非常虚弱，但是他仍然坚持着到各个据点检查工事的完成情况。由于多日吃的都只是一些野菜和清粥，又加上他也不听卫生部医生的话要多休息。有一次，他一个人正在屋里全神贯注地查看地图时，就昏睡在桌子上了。一下午过去了，直到小张进来给他端饭菜时，他才被小张发现。小张急切地唤着：“师长，师长，您睡着了吗？您快起来吃一点东西吧。”许国璋缓缓地张开满是血丝的双眼，慢慢地抬起头，张开被寒风冻得破裂的嘴唇，微弱地说道：“水……水。”小张看师长情形不太好，就马上给他端来一杯水，然后扶着他

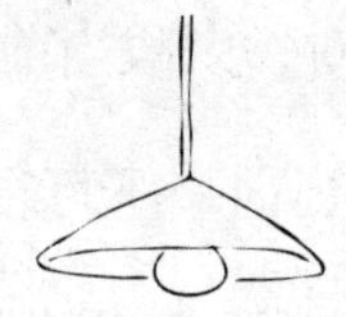

的后背，让他喝下。然后外面的卫士赶紧去请卫生员过来。许国璋一个“咕隆”就把一大杯水都喝完了。他微笑着问：“小张，现在是什么时候了？我睡了多久了？我感觉我的头很晕啊。”小张关切地说：“师长，现在已经是傍晚了。我也是刚刚给您端晚饭来才看到您睡着了呢。您不知道自己什么时候睡的吗？我已经叫士卫给您请卫生员过来了。您先休息一下吧。”许国璋摆摆手，说：“不用叫卫生员过来。我休息一下就没事了。他们最近都那么忙，那么辛苦……”许国璋话音未落，卫生员就在外面敲门进来了。卫生员检查了许国璋的身体以后，很担心地说：“师长，您最近真是太操劳了。您需要多休息，才能恢复体力啊。”师长说：“现在战事那么紧。战士们都很辛苦，我这点又算什么呢。我没什么事，你去照顾其他伤员吧。”卫生员离开后，许国璋吃了晚饭，又继续研究作战方案了。

到了半夜，小张看到师长屋里的油灯依然亮着，不免担忧起他来。于是他走到门口，轻轻地敲房门，然后走进来。师长抬头看了看，说：“原来是小张啊。有什么事情吗？”小张担心地说：“师长，现在已经夜深了。您该好好休息一下了。明天再看吧。”师长有些虚弱，咳嗽了两声，回答说：“现在战事吃紧。我方处于不利地位啊。现在我就想该怎么才能拖得住敌人呢？你先去休息吧，我等会儿就去休息了。哦，你把林参谋长给我叫过来。”

林参谋长到了后，许国璋勉强打起精神，跟他商量作战计划。许国璋担忧地说：“现在，我军实力薄弱，又没能占领太浮山。眼看敌人马上就要追过来了。我想采取声东击西的办法。利用各个据点的方位，强力攻击给敌人，给敌人以震慑。他们就暂时不会轻举妄动了。”林参谋长说：“我军的防备工事大致已经能够做完了。一旦敌人进攻，我们就会跟敌人拼个鱼死网破。”“现在我们的部队已经所剩不多，敌人又久攻不下。因此最重要的还是激发战士们抗敌的士气。林参谋长，你这几天也辛苦了，赶紧去休息一下吧。恢复好体力，脑力，才能更好地出谋划策啊。”许国璋说道。

天气越来越凉，许国璋并没有用队里发的厚被子。他一如既往地把厚实的被子、军衣都留给那些比较虚弱的战士们。但是现在他自己依然是那么虚弱，却没有用那些比较短缺的军事物资。

（二）坚守抗战壮军心

到了第二天，敌人就驻扎到了陬市附近，离我军最近的据点只不过隔几里路。但是他们并不敢贸然行动。

冬天的夜晚来得早。当晚霞的余晖尚未退尽，暮霭就像一张大网，铺天盖地地撒来。许国璋看着这漫天的雾，心生一计。他立刻找来林参谋长跟他商量："现在浓浓大雾。敌人只派了一部分的军队，又刚刚才驻扎到这里。我们应该趁此机会，主动出击，让敌人误以为我军派了重型部队在此驻守。你看怎么样？"林参谋长说："如今，只能如此拼死一搏了。但是如果敌军真的派主力军来攻打我们，我们就……"许国璋会意地点点："你赶紧下去准备吧。我去鼓动鼓动战士们。"于是疲惫虚弱的许将军亲自巡视战线，鼓励官兵英勇杀敌。他激昂地说："战友们，我们为国家尽力的时候到了。驻守陬市等于协同常德守军作战，我们多打死一个日本兵，就等于给常德守军增加了一份力量，尽到了军人的天职。大家同心协力，一举将那些鬼子歼灭吧。"

士兵们在师长的鼓励下，个个都英勇神武地杀敌。这些驻守在陬市的几队日军，受到了重创，误认为我军的实力非常强大。剩余的几个败兵都赶紧撤离，然后请求派兵支援。许国璋看到敌人已经中计，不觉地微笑了一下。但是他明白，接下来等着他的，将是更大的考验。

不出许国璋所料，敌军立马派出重型部队来攻击陬市。这天中午，许国璋正在和参谋长商讨应付接下来的敌人时。侦察员来报："师长，日军派了几个旅团来攻打我们。我军北部的两个据点已经被敌人偷袭，已经快支持不住了。请指示。"许国璋有些焦虑地说："敌人只是想试探性地摸摸我们的底细，但是北部的据点若是被攻破，我军将很快被敌军吃掉。到时想要拖住敌军就更难了。"参谋长说："那我们立刻派兵全线出击，争取挽救北部的据点。""就听林参谋长的，赶快调集其他据点的战士们去支援北部的据点。陬市南部是沅江，日军只能从北部攻击。东西两部更是易守难攻，所以不必担心敌人从这两个方向攻入。大家赶紧行动吧。"许国璋稍微镇定了一些。

身体非常虚弱的许国璋依然坚持到最前线进行指挥。我军凭借坚固的工事，非常艰难地阻击了敌人的这次偷袭。

这次战斗虽然成功了，但是敌人却非常清楚我军的兵力其实是非常虚弱的。而且还有五个骁勇善战的猛将为了能够击溃敌人，不惜拿自己做诱饵，将几十个敌人引到一个破旧的楼房里，然后拉响手榴弹，与敌人同归于尽，壮烈牺牲了。

那几个壮士的故事是这样的。那天他们作为第一线的战士，本来是在最前线抵抗敌人的炮轰。但是侦察员送来情报，敌人将派一个小分队，大概有五十个人，朝我军的物资集中地偷袭。由于时间紧迫，这件事情还来不及通知到师长那里。为了迅速地阻击敌人的偷袭，班长决定派几个人去直接行动。于是王三宝、李大伟、刘小福、周强、陈勇，这几个平时在队里的猛将就主动请缨，去杀死敌人。当时班长考虑到他们五个都是胆量极大的汉子，就准许了他们的请求，并且叮嘱他们："敌人有几十个人呢。你们行动一定要利用你们对阵地的熟悉，还有一些工事，做好防备。我会派人去报告师长，请他们支援你们的。一切要小心啊。"拿好武器装备，五个壮士就立刻行动了。

敌人的行动也非常迅速，而且他们也是拿了更多的枪支弹药。五个壮士看到敌人就在眼前，但是却不能强攻。他们跑到敌人前面，找到一些隐蔽的地方设好埋伏。好几个敌人果然是中了埋伏，被埋着的地雷给炸翻了。但是剩下的三十几个敌人就变得越来越小心。他们四处观望，终于发现了五个战士的藏身之处。于是立刻发出猛烈攻击。他们的枪支弹药非常充足，而战士们的子弹就快用完了。陈勇说："这样下去不是办法，眼看敌人就要到目的地了。你们三个先去前面的废气的楼房里，安好炸弹，做好埋伏，我和周强一起将敌人引过来。到时你们就看情况引爆炸弹，大不了跟敌人同归于尽。”陈勇在说话时，没有注意到敌人已经瞄准了他。李大伟看到敌人朝陈勇开枪时，一个箭步跨过去，就立刻将陈勇扑倒在地，子弹落在了李大伟身上。四个战士看到李大伟中弹了，更加义愤填膺。他们一致同意陈勇的建议，说了一声：“好。”大家就开始分头行动了。不出陈勇所料，敌人果然中计了。但是陈勇和周强两人都中了子弹，没有伤到要害，于是他们坚持掩护战友的行动。当陈勇和周强将敌人引入这座破旧的楼房时，王三宝大吼一声：“去死吧。鬼子！杀啊。”说完，刘小福就握好机关枪，开始扫射敌人，又有十多个敌人被射杀了。但是子弹快用尽了，两名战

士也中了枪。剩下的二十多个敌人发现了三宝和小福的藏身地，就立刻朝那里扔手榴弹。敌人扔过去的手榴弹恰好也引爆了战士们安好的炸弹。一连串的爆炸声震耳欲聋，整座楼都被震垮了。战士们和敌人同归于尽了。

许国璋听了这五个战士的事迹之后，两眼闪着泪光。他带头，亲自脱帽，向五位战士致敬。然后他激动地说："作为一名军人，就应该像他们这样，能为了保卫祖国，勇敢地献出自己的生命是一种光荣。"

（三）我的热血要洒在这里

敌军已经摸清了我军的实力，知道驻守在这里的中国军队并不是一支主力军，决定对我军采取强力攻击，争取速战速决。日军派遣足够多的士兵在陬市的东西北三面，将我军包围了。

看到战况如此胶着。许国璋坐不住了。他和将士们在做最后的商讨，怎么才能杀死更多的敌人。我们的战士已经是所剩不多了。许国璋说："为今之计，我们最好可以集中所有的战士，选择那些非常顽固的据点，好好地跟敌人周旋。能拖多久是多久。你们觉得怎么样呢？"林参谋长说："嗯。这是最好的办法了。那我们还是分成两拨人吧。第一拨人，就在前一个据点攻打，后一拨人就在下一个据点做好防护。如果前一个据点被攻破，还有可以撤退的地方。""好，林参谋说得很对，能暂时保持实力，就能将敌人拖得更久一些。”许国璋说道。

双方的激战即将开始了。天气寒冷，但是战士们作战的士气却非常高涨。许国璋依然在前线视察敌情。开战前，许国璋对战士们说：“为了保卫国家民族，每个人都要勇敢杀敌，与敌决一死战，不愧做中国的军人。我决心不离开阵地一步：我的热血要洒在这里。这里是祖国的土地，我要誓死保卫它，死了也是光荣的。兄弟们，杀啊。”将士们听后，受到师长的鼓舞，士气大振。两军短兵相接，枪炮声响成一片。许国璋早已将生死置之度外。他一手拿着步枪，一手拿着望远镜和将士们一起奋勇杀敌了。一天的战斗过去了，战士们一粒米未进，一滴水也没有喝。但是敌人丝毫未有松懈，依然疯狂地进攻我军。小张就冒着枪林弹雨，为大家取一些食物和水来。当小张上去给战士们送水时，有一个兄弟还没喝完水，就看见敌人往他们的据点冲，他手里没有枪，只有手榴弹。他等敌人离我军 20 米左右时，拉断两根导火线，冲了上去，与四五个鬼子同归于尽。已经入夜很深了，敌人暂时停止了攻击。我军派了士兵在阵地前沿把守，其他人都暂作休息。

许国璋和大家一起就地休息。经过一天的战斗，部队又失掉了一些兄弟。大家都有些沉默。许国璋开口说话了。他问班长：“今天下午那个拉手榴弹，冲向敌人的兄弟是谁？”班长小刘沉默了一下，回答：“他叫虎子，进入部队已经有四年了。

作战经验都比较丰富。平时老实憨厚的，遵守上级命令。而且还经常帮大家做事情。没想到，这次他居然没有得到命令就主动出击进攻了。他真是……”小刘说着说着，就有点呜咽，眼角也湿润了。许国璋也沉默了，过了好一会儿，他才说：“大家都起立，脱帽，向虎子致敬吧。我们都要学习他的英勇、无畏，做个顶天立地的军人。”大家都站起来，朝着虎子牺牲的方向，庄重地敬了一个军礼。

第二天，敌人向我军发出更为猛烈的攻势。日军向我军阵地发射了两枚窒息性毒气弹，让防守阵地的两个排官兵窒息而死。许国璋听后，立刻决定，放弃这个据点，带领剩余部队到下一个据点做好准备。连续十几天的作战，许多士兵都非常疲劳。随着越来越多的战友牺牲，大家都有些心灰意冷，不愿再抵抗。许国璋看到这种情况后，非常生气，他召集大家聚在一起，做出最后的决定：“现在就只剩下大家了。但是兄弟们，我们绝不能放弃啊。哪怕我们只剩下最后一个人，都要与敌人抗战到底啊。我们是军人，与其当俘虏或落水淹死，不如战死光荣得多。为了死去的兄弟们，大家务必使出全力，和敌人拼了啊。”大家明明知道这一仗是必败无疑了。但是为了死去的兄弟，大家都愿意再作最后斗争。看着战士们如此激愤，许国璋感到一丝欣慰。这时许国璋对小张说：“你去把我们存下的最后一坛子酒拿出来。让大家暖暖身子，明天好好作战。”酒拿来了，许国璋为每个战士亲自斟上一碗酒。最后他为自己也斟上一碗，然后举起酒碗，说：“这杯酒敬那些死去的兄弟们。来，让我们干了它。”说完，他一仰头，一饮而尽。其他的战士也都纷纷将酒喝完。

一眼望去，弹药和人员已经不多，许国璋心里清楚，这可能是最后的战斗了。“小张、小王、小刘，体力好、枪法准，拿上这箱弹药，到碉堡上面的几个掩体后面架好冲锋枪，随时待命！”“剩下各班班长，带上手榴弹，在后方掩护！我在碉堡旁边的矮门，你们到时候看我手势，随时听命！”小王连忙说：“可是师长，矮门那里是个暴露点啊，您去危险，我去！”许国璋厉声道：“军令面前，岂可儿戏！矮门视野清晰，便于指挥，我是师长我不去谁去！”小王还想说点什么：“可是……”许国璋大手一挥：“各战士听令，严格服从战略安排，铺好地雷，分好弹药，做好准备工作，迎接我们的又将是一场恶战！”于是，大家分头行动。在这样危急关头，战士们都争着抢着去到危险的位置，动作麻利迅速。

布置完弹药，许国璋说：“大家今晚就在这个碉堡里面休息吧。敌人可能不会发出攻击的。大家安心睡觉吧，我亲自为大家站岗。”团长小王说：“不行啊，师长。您已经好几天没有好好休息了。身体太虚弱了。站岗的事情就交给我嘛。”许国璋摇了摇头，说：“这是命令。你必须养好精神。明天好带兵打仗。”团长只能点点头，表示服从。

连续几日，许国璋都感到头晕体乏。但是为了抗战，他都咬牙坚持去前线和战友们一起打鬼子。他发现自己的身体已经是大不如从前了。他和小张坐在那里守卫，观察周围的动静。周围除了风呼啦啦地吹着，就没有什么其他的响动了。幸好刚刚喝下的酒能为他抵御这冷飕飕的寒冬之夜。以他这些年作战的经验分析，他猜测鬼子今晚应该不会来偷袭的。于是他稍微休息了一下，拿出照片。照片夹在他衣服的最里层。尽管有时它会蹭着他的皮肤，但是他从未让这照片离开自己。这时，他目不转睛地望着照片上的家人。小张看着他，说：“师长，又

想家人啦。您放心，我们打完仗回去，就都能和家人团聚啦。”这本该是平时许国璋对战士的安慰之词，今晚倒是反过来了。许国璋并没有介意。他心里有种很不祥的预感。但是为了不让小张担心，他只是微微地点点头，然后将照片放回去。继续观察着周围的环境，然后说：“小张，你先休息一会儿吧。明天将是一场恶战。你要恢复好体力啊。”小张知道自己拗不过师长，就眯上眼睛，小睡一会儿。

（四）开枪自戕，以身殉职

第二天，天还不见亮，只是微微地露出一点鱼肚白。战火就开始打响了。许国璋带领着最后的几十名战士，坚守在碉堡中。他们各自坚守在自己的掩体后面，等待着最后的决斗。

突然，一阵轰隆声传来，敌军的太阳旗出现在许国璋的望远镜里，原来敌军看我军这是在负隅顽抗，料到我们坚持不了多久，就派出一辆坦克作为重型攻击武器。紧随其后的是像蝗虫一般的几百名日本兵。许国璋看到这里，心中一紧，知道这场力量悬殊的战争凶多吉少。但是他沉着镇定地注意观察敌人前进的动向。果然，敌人朝着矮门方向逼近了。那里正好有许国璋前日部署的地雷，地雷右侧才是炸药。敌人越来越近了，许国璋仿佛嗅到了敌人腾腾的杀气。突然，一声巨响，敌人的坦克触碰到了地雷，但是这炸不了几个人。鬼子顿时转变了行

军方向，由于左侧是山头障碍物，日军便沿着道旁的白杨树右侧行进。这正中了许国璋下怀，他沉静地等待几秒钟后，朝小王打了个手势，小王会意，立马点燃了炸药的引信。轰隆隆——一阵火光烟尘四起，鬼子被炸晕了头，死伤一片。不料，重型坦克起到了很好的掩护作用，剩下的鬼子又像蝗虫一样扑了过来。许国璋见状，大吼："同志们，跟鬼子拼了！""塔塔塔"冲锋枪朝日本兵射击起来。前面几个日本兵中弹，应声而倒；靠在碉堡掩体后面的战士们也跟着许国璋，对鬼子开始狠狠地打击。

狡猾的敌人在这一轮攻势下被打得抬不起头，便又改变了方向，朝右后方的山头避去。将士们以为敌人受不了这轮进攻，都松了一口气。然而，许国璋明白，凶恶的敌人没有那么好对付。他用严厉的目光，扫视我方战场，打着手势，要求将士们坚守岗位。将士们听令，虽然手臂酸痛，面颊被枪膛射击时蹦出的火花考得火辣辣的，但是仍然咬着牙，坚持下去。

果然，十几分钟后，敌人调整战略队形，又冲了上来。与上次不同的是，敌人的坦克不仅在向前射击，后方还紧跟着补给上来的三辆迫击炮。大炮加上坦克，轮番轰炸，掩护着后面士兵的前进。我军在敌人强大的攻势面前，只好利用架在碉堡高处仅剩的两门大炮，向敌人大炮与后方兵士轰击，而在下方的冲锋枪，却被敌人猛烈的炮火压得没有用武之地。我军的大炮并没有阻止敌人前进的道路，敌人的行进速度越来越快，眼看就要逼近碉堡的第二道防线了。许国璋和战士们的心都提了起来。

正在这个危急关头，埋伏在第一道防线掩体后面的一名炮手大叫着站了起来，身上披挂着准备在第一道防线炸响的炸药，直冲着鬼子的坦克冲了上去。只见那个因为负重而有些站立不稳的身影却飞快地从侧面爬上了敌人的坦克，点燃了炸药，轰——一阵巨大的烟尘扬起，许国璋和战士们的眼睛都湿润了。

烟尘散去，只见敌人的坦克和架炮已经不能动了。在这种情况的激励下，将士们信心倍增，又开始朝敌人猛烈地开火。

敌人的两门大炮互相合作，朝碉堡发射炮弹，震得将士们几乎握不住手中的枪。许国璋的手也被飞来的弹片划伤了，握枪的虎口被烤得火辣辣地疼，可是他咬住牙齿，不停地装上子弹，一刻也不敢懈怠。因为他知道，这是打击敌人的门户，只要自己坚持住了，就能为身后的战士们分担一点压力，战士们就少一点牺牲的可能，就能争取一点胜利的希望。

将士们拿起冲锋枪，不断地开火进攻。但是由于敌军人多势众，我军的炸弹、手榴弹很快就用完了。看着敌人越逼越近，有的战士有些着急了，但是许国璋并没有下令撤退的意思。他手持步枪，专心致志地向敌人扫射。敌军将领发现了许国璋的枪法很准，于是就派狙击手，专门射杀许国璋。许国璋的弹药已经快用尽了，正在他焦急地想要找子弹给枪上膛时，敌人一

颗子弹飞过来，击中了许国璋的右胸部。许国璋中弹即将倒地的刹那间，又一枚子弹射过来，击中了许国璋的大腿。许国璋身中两弹，流血不止，然后休克昏迷。小张看到师长中弹倒地，立刻爬过来，扶住师长，并喊着："师长，师长……你醒醒啊。班长，师长中弹昏迷了。"班长一听，焦急地朝这边望过来。但是他又一刻不敢松懈，敌人马上就要攻进来了。是撤退还是坚守，这必须得他自己拿主意了。我军的弹药差不多用尽了，只剩下十几个兄弟了。班长看到这个情况，心想："如果继续留在这里，我们将全军覆没。要是我们马上撤退，兴许还能保住这十几个兄弟的命啊。留得青山在，不愁没柴烧。师长应该不会怪我的。"于是他对大家说："大家赶紧撤退吧。小张你把师长背好，咱们就从沅江撤离。敌人没有船，我们还有机会逃脱。"

于是班长派小张将师长背到沅江边上的一个草房里。他和几个兄弟做掩护，将敌人引开。他一分配完，大家就开始分头行动了。班长没想到敌人会那么穷追不舍，一直在街巷里绕圈子以迷惑敌人。等到他们已经将敌人甩得很远时，他才和战士们赶到那个草房子。小张背着师长，非常艰难地逃到草房后。师长一直昏迷着，由于战事紧迫，他还要等班长来会合。因此他并没有认真检查师长是否还活着。班长赶到后，看到师长还昏迷着，以为他已经阵亡了。因为师长平时身体就很虚弱。这次中了两枪，又流了那么多血，存活的机会实在太小了。敌人马上就要追过来了。他考虑着该如何渡过沅江时，他看到沅江上出现了一艘渔船。班长想："真是天不亡我啊。"然后他叫住船家。他说："老师傅，能送我们过江吗？我们的据点被攻破了。我们师长阵亡了。"一听是师长阵亡了，那个年纪大点的渔夫说："快上船来吧，鬼子就要追上来了。"班长立刻叫小张和几个战友将师长抬上船去。眼看敌人就要到了，班长并没有上船，而是急切地说："老师傅，赶快开船吧。我去把敌人引开。"渔夫看他那么坚持，敌人已经近在眼前，就开船离开了。如若不然，大家都逃不掉的。战士们大声叫着："班长，班长……"而班长躲进那所草房里，靠着窗口，射杀敌人。当敌人冲进屋里来的时候，班长拉响了最后一颗手榴弹，与敌人同归于尽了。战士们看着班长为了掩护大家英勇牺牲了，不禁流泪。

渡过沅江后，天已经黑了。小张依旧背着师长，和剩下的战友一起找到一个非常隐蔽的草房子，暂时隐蔽起来。当晚，大家精疲力竭，准备休息一下，其实是无法真正入睡的。到了凌晨4点左右，许国璋苏醒过来了。他用非常虚弱的声音断断续续地说着："水……水……战斗……怎……么样……了？"小张看着师长醒了过来，激动地告诉大家："师长，师长醒过来了。水，他要喝水。"战士们马上将水壶递了过去。许国璋

喝了水，精神稍微恢复了一点点。他仍旧用很微弱的声音问："战争……怎么样了？"小张不忍心告诉师长这个残酷的消息，但是师长始终用坚定的、疑惑的眼神看着他。于是他有些悲哀地回答："我们的据点被攻破了，陬市已经被那些日本鬼子占领了。我们已经渡过了沅江。师长，你好好养伤，我们会……"小张话还没有说话，许国璋非常气愤地打断了他："我是军人，应该战死在沙场。你们这样做是害了我啊……"许国璋话还没有说完，又昏了过去。

大概凌晨6点时，许国璋又醒了。他已经没有了求生的欲望。他悲哀地想着，陬市被日军占领了，都是他自己的责任。

他这辈子最恨的就是逃兵，而今他也成了逃兵，他觉得很羞耻。他看见战士们都睡着了。于是他慢慢地移动着身体，拿到了小张的手枪。他闭着眼睛，摸摸胸口上家人的照片，轻轻地说了一句："我走了，你们不要怪我，要好好地活下去。"然后，用枪口对着自己的脑袋，轻轻地扣动它，一颗子弹射出来，击中了他的脑袋。战士们听到枪响，都惊慌地醒了过来，寻找枪声来源。结果看到师长的头上满是血，大家明白原来是师长开枪自戕，以身殉职了。战士们不禁哭喊着："师长，师长……"但是师长这次再也醒不过来了。

（五）悲恸的再见

小张慌忙擦亮了火柴，只见已经自戕的许国璋一动不动地躺在血泊中，周围的战士们用哽咽的声音叫喊着师长，一声，一声，最后都已泣不成声。鹅黄色的烛光一闪，一闪，孤独地发出暗淡的光，映着他稍白的发丝，苍白的脸颊，发白的嘴唇和那一身被血迹浸透的破旧军大衣，一切如画一样，静止、停滞，除了山谷中因枪响而惊动的鸟鸣声和回响着的战士们的哭声，什么都已没有，也仿佛从来就没有发生过什么，因为没有人愿意去相信，他就这样离开了，悄无声息地，带着他一生的

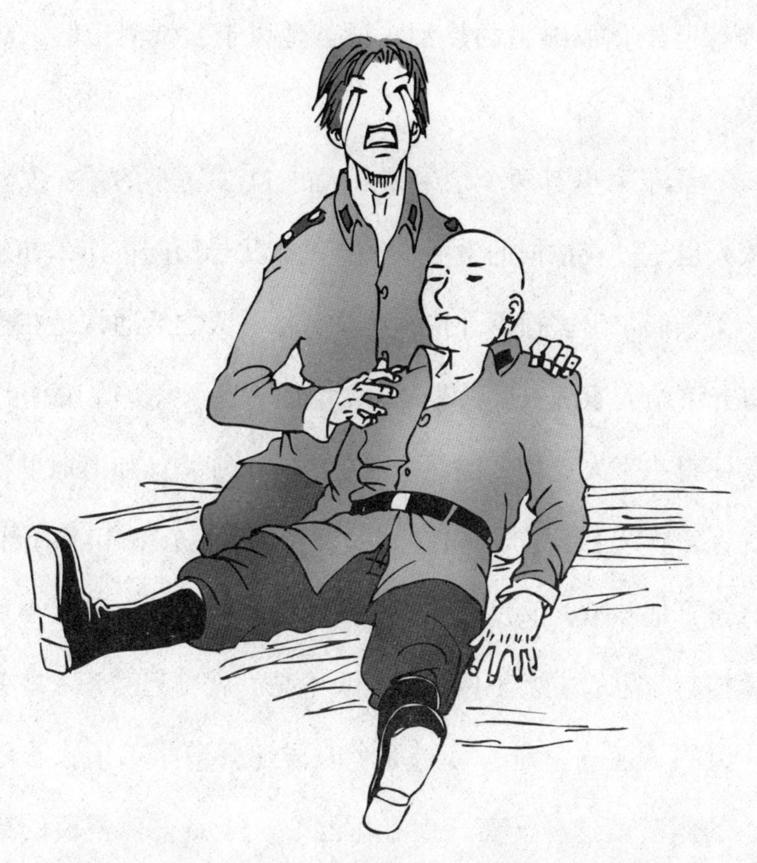

正气傲骨，离开了。可是，有枪为证，有血为证，还有躺在那里没有呼吸的尸骸为证，他走了，真的走了，安详地走了……

窗外开始下起雨来，不一会儿已是风雨大作，电闪雷鸣，仿佛上天发怒一般。或许，苍天也在为这位英烈的离去而悲恸万分吧。战士们的衣服都不能抵御深冬的严寒刺骨，这样“峭风梳骨寒”的天气使得他们不得不仅仅依偎在一起，感受彼此的温度。许国璋的贴身小战士小豆子紧紧地抱着师长的遗体，一边泪流一边说着：师长冷吗？我给你暖暖。小豆子的脸紧贴着许国璋毫无血色的脸颊，回忆起师长往日对他的照顾关心，如今都已经化成滚烫的热泪，被苦楚风干，烟消云散，灰飞烟灭。

小豆子家里有两个亲弟弟，大的 11 岁，小的才 6 岁。一大家人也是过着拮据的生活，平日里靠父母田间耕作，补贴家用，父亲偶尔出去挣点外快，母亲劳作一天之后通常是在昏暗的灯光下给人家洗衣服，糊火柴盒增加一点点家庭收入，可是，战争使得一家人更加贫困，生活更是雪上加霜。加上地里收成不好，又被鬼子糟蹋地乱七八糟，父亲终究是在 6 年前病倒了，整日整日地咳嗽，又没钱治病，无法再做任何农事了。小豆子就承担起家里的主要工作，早晨天不亮，就拿起锄头下地劳作了，天黑了才往家赶，母亲那个时候还怀着小弟弟，看他这样小的年龄就这样辛苦，实在不忍心。于是整夜整夜的挑灯缝洗、糊纸。他看出了妈妈的担心，一天早晨出门时对一夜未曾合眼的母亲说：“娘，别怕，我长大了，能够支撑起这个家，你一定要注意身体，千万不要有什么闪失”。说完转身关门出去了，母亲一言不发，泪水滴答滴答地往下掉。“孩子，真是苦了你了”。

那天夜里，父亲把他叫在床边，用瘦骨嶙峋的手握住他的手，费力地说道：“儿啊，爹无能，不能让你们母子吃好穿暖……如今想帮忙也是有心无力啊。但是，你是家里最年壮的男子汉，无论发生什么事都要坚强，一定要好好孝顺照顾母亲和她肚里的孩子……这个家只能靠你了，你一定要成为家里的顶梁柱啊……”小豆子毕竟是个孩子，早已泣不成声，只有一直重复答道：“我知道，我会的。我一定会的……”

第二天早晨他醒来发现，父亲已经去世了，母亲哭得像个泪人儿。他什么话也没说，紧紧抱住母亲，眼泪止不住往下流，暗暗发誓一定要成为家里的顶梁柱，分担母亲的忧愁。

不久之后，母亲肚子里的孩子也出生了，长得既可人又健康，新生儿的哭声给这个家庭带来久违的欢乐之余也带来更为沉重的负担，家里又添了一张嘴。母亲更加卖力地工作，他依旧每天早出晚归，辛苦地帮助母亲扶养着弟弟们。直到有一天，他兴冲冲地飞奔回来对母亲说：“娘，娘，我想去打鬼子，我要为国家报仇！”母亲很是惊讶地看着他，15岁的孩子竟然可以说出如此有志气的话。原来，他看到军人个个胸怀大志，保卫祖国，激发了他的爱国热情。作为母亲，她很感动儿子能有这样的想法，毅然同意了。临行前他嘱咐弟弟一定要帮助母亲分担家务。以后如果有军饷就寄回来，希望弟弟能进学堂念书，做一个有知识、有文化的人，才能更好地报效祖国，保卫自己的国家。

这时，队伍准备出发离开了，许国璋恰好看到小豆子依依不舍地走到大门口。低着头，双膝着地，刚硬地给年迈的母亲磕了三个响头。母亲的头发已是花白，皱纹布满眼角，眼泪顺着不再平滑，而是早已深陷层层沟壑般的双颊留下，衣服早已是缝缝补补很多回，洗得都已经发白了。许国璋不由得想起了自己的母亲，远在千里的老母，不知道她过得好不好，眼泪也不由得在眼眶里打转。

从那以后，许国璋经常把小豆子带在身边，因为他年纪小，能够照顾照顾他。一次偶然的机会，许国璋发现小豆子站在写有汉字的墙头看了许久，才知道小战士很想学习认字，便开始教他识字写文。小豆子很聪明，常常一学就会，一点即通，平时又勤劳善良，友好地对待身边的每一个人，这让许国璋十分欣慰。有一次，小战士拿着“射”、“短”两个字去向许国璋请教：“您说，‘射’字是由‘身’和‘寸’组成的，可是，身体只有一寸那么长，应该是‘很短’的意思啊，怎么读音却是‘sh è’呢？而‘短’字由‘矢’和‘豆’字组成，意思是箭头指向豆子，这个意思才是‘发射’，‘指向’嘛，读音怎么却是‘duǎn’呢？您说，奇怪吧？”这一问，逗得许国璋哈哈大笑，表扬他善于思考，非常聪明，并向他耐心地解释，按照偏旁部首而划分读音只是一种方法，除此之外还有其他方法，许诺日后慢慢教他。

许国璋不仅在精神上帮助他，还在经济上给予他支持。许国璋始终记得小豆子出门前曾希望弟弟们能上学念书，每一次发军饷，许国璋就从自己的那一份里面抽出一部分送给小豆子。让他寄回家里，补贴家用，如果家里有点剩余能让弟弟们进学堂，是最好不过的了。小豆子说什么也不答应，他知道徐师长家里也需要用钱。最后两人的推辞以许国璋以命令为由有了结果，小豆子用颤抖的双手接过这用辛苦换来的军饷，除了谢谢，别无言他。夜晚，晴朗的空中，满天繁星，似一双双会说话会撩人的眼眸，勾起对往事的回忆。小豆子辗转反侧，无法入眠，许国璋猜想小家伙肯定有心事，就和他聊了起来，原来是小豆子想家、想母亲了。许国璋本是允许他休假回去看看，但小豆子不愿意离开大部队，宁愿冒着枪林弹雨打鬼子也比慰藉自己儿女情长来得爽快。那晚，小豆子和许国璋聊往事，谈经历，像父子般亲切。小豆子仿佛觉得自己又多了一个亲人。心里说不出的喜悦。

时光飞逝。小豆子早已融入了部队这个大家庭，过着轻松又惊险的生活。他爱着这样的生活，幸福而安宁，直到一封信的到来，打破了这样的情愫。信是小豆子家的邻居托人代笔的，小豆子的母亲和两个弟弟去县城里卖自家种的蔬菜时恰巧遇见鬼子追捕革命军。三个人都没躲过子弹，全都死在了血泊中。小豆子一个人飞奔到山头，一阵号啕大哭。许国璋知道后也来到山头，安静地坐在他旁边陪着他。小豆子撕心裂肺的痛哭让有了人生阅历的许国璋也潸然泪下。他抱着小战士，只说了一句话："我是你的亲人，我们大家，都是你的亲人。"因为他知道，小豆子过早的品味人生痛苦，对于一个孩子来说太残忍、太无情，现在他需要的，只是陪伴和安慰。还有鼓励他坚强起来的信心和勇气。

小豆子从那之后视许国璋如同父亲一般，如今，父亲就这样安静地躺在自己的怀里，仿佛自己的世界失去了颜色。脑海里一幕幕全是许国璋的身影，他的音容笑貌都刻在小豆子的记忆里，永远都挥之不去。

小豆子就这样抱着许国璋的遗骸毫无停止的哭泣，到后来，因为太累、太伤心，就那样睡着了。直到次日的阳光温暖的照在他的身上，唤醒他的双眼。他已不再哭，他知道未来的路还很长，为了家人，为了师长，自己也要坚强。

山路漫漫，溪水潺潺。路，依然在脚下，光，依然在心中。

到了第二天，战士们依然轮流背着师长的尸体，并找到其他部队的营地，寻求帮助。该部队的旅长看了，发现死者果然就是一五零师的师长许国璋。他早就听过许国璋的大名，听说过他骁勇善战，英勇抗敌的一些事迹，也曾见过他一两次。当他从小张口中得知，师长是自戕殉职时，内心充满了对许国璋的无限敬意。因此他在看到许国璋的尸体后，就命令全营战士，脱帽敬礼，为许国璋默哀。

许国璋虽然牺牲了，但是他却永远活在战士们的心中。旅长向上级请示，应该如何处理许国璋的遗体，是就地埋葬还是运回川内故乡。上级们认为许国璋是英勇为国牺牲的，又得知他还有妻儿在家乡，就决定派专人将许国璋的遗体运回四川，让他回乡安息。

第三节　一封家书展赤诚之心

就要将师长的遗体运回四川了。小张很悲伤，师长平时对他的关心，都让他觉得拥有兄长般的温暖。于是他决定为师长收拾遗物。当小张看到他的全家福照片和护身符等东西时，他都好好地将它们收起来。

忽然，小张想起师长在牺牲前不久写的那封家书。当时由于战事吃紧，师长只能草草地将那份还没有贴好邮票的家书放在驿馆里，就又出发了。现在已经过去两个月了，不知道那封家书能不能寄到师长的家乡呢？那封家书，对许国璋的家人来说，肯定是非常珍贵的。那晚，师长写信的场景依然历历在目。

当时，许国璋正率领部队在津市临泉五泉铺作战。那几日一直都下着绵绵细雨，将士们作战已经相当困乏。有天晚上，天又下着瓢泼大雨，敌人暂时停止了攻击。许国璋命令大家都好好地休整一下。晚饭后，许国璋找到小张，亲切地问："小张，后勤部还有没有墨汁啊？我想写封家书。"小张回答："还有呢。师长要写家书的话，可不可以也帮我写一封？我小时读书不用功，更不好好练字，写的字太丑了。"许国璋笑了笑说："好啊。"

许国璋提起毛笔，想起上次离开家的时候，儿子才一点点高，现如今过了这么久，儿子应该又长了个头了。春妮来信里说，儿子已经开始上学，跟着国文老师念古文，也不知学得怎么样了，真想亲耳听听儿子那稚嫩的声音，长大了该学成什么样呢！再联想到自己肩上的重担，祖国的未来就是儿子的未来啊！此次战役，前途难料，儿子虽然还小，但世事无常，更应该让儿子了解到自己的责任与艰险。作为一名军人的儿子，更应懂得事理啊！于是，许国璋提笔写道：

应康吾儿：

年来家事艰难，余固知之。但军旅事忙，实无暇顾及也。

余连年毫无积蓄，汝之学费，概由家中负担。近来倭寇又来大呈蛮威向我阵地猛扑，我师正待命反攻中。余曾告之各级官兵，大家吃国家一分钱粮，非拼命杀敌、争取胜利不可。话毕见各官兵非常兴奋，余盛欢喜。且余叠蒙治易总座之拔擢，常聆润泉军长之奋勉，复在贤明领袖领导之下，纵赴汤蹈火，更不容辞。如此上阵，万一不幸，汝勿以余为念也。汝遵母训，努力读书，继续余志，至要至要。

父 宪廷 谕　十一月八日于五泉铺

写完之后，许国璋又替小张写。小张看师长写的都是文言文。于是就央求师长："师长，我孩子还小，还没上学。妻子也是半个文盲。您就写几句简单的话。主要就是告诉他们我是平安的。这样就好了。"许国璋说："好。你去取两个信封，明天就把信给寄出去。"

可是到了第二天，敌军又来偷袭我军其他的阵地。许国璋赶忙去指挥作战，命令大家立刻起程出发，支援友军。而小张也是在行军的途中，急忙将这两份信交给一个十来岁的孩子，并给了他一元钱，叫他把信投放到驿馆去。虽然不是很放心，但是急于行军，实在是没有办法。

小张想："要是当时没有将信交给那个小孩，自己把它留着就好了。要是师长的家人不能收到这封信，那该是多么遗憾的一件事啊。哎！”

小张把师长的遗物都收拾好了以后，交给了部队的旅长，还谈到了师长那最后一封家书。

第四节　英魂归故里，雕像永悼念

（一）阴阳相隔的呼唤

几个战士抬着师长在冬日阳光照耀着的小路上走着，虽然心情悲恸，但是大家都明白，把师长从陬市运回成都是一段艰巨遥远的距离，一路向西要经过湖南、武汉和重庆等省市才能进入四川到达成都。好在是在深冬，师长的身体短时间内不会腐烂发臭。但是路上还是得提防敌人的“追剿”，各种野生动物的攻击和忍饥挨饿的痛苦。所以，战士们都自觉的打起十二分的精神，稍有风吹草动便进入临时防卫状态。

遥远的路途使得战士们疲惫不堪，还得找安全点的地方稍作休息。一天傍晚时分，战士们来到河边，看到一个打鱼的船夫，戴一顶斗笠，穿着厚厚的、补了不知道多少次补丁的棉袄，棉裤，正在收拾渔具准备回去了。战士们忙叫住老渔夫：“大爷，大爷，请您等等。”说着，便快速跑到河边，说：“大爷，我们几个是打鬼子的，前几天我们的师长牺牲了，我们商量着把师长送回他的老家，这两天走山路都没怎么合眼，实在太累了，请问可以去您家借宿一晚不？”老渔夫一听，爽快地答应了。于是战士们把师长抬上了船之后也跟着上去，由渔夫撑着船往家划去。小豆子站在船头，只见这高耸的悠悠青山之间，露出高远的天空，清澈、明净，河水缓慢地流动，亦如天空般清澈、明净。河对岸的几户人家都已升起炊烟，袅袅的烟雾点缀在无数的树林里，好一幅静美如诗的图画。但一转想师长已离开，无法再欣赏这些美景，心里又渐渐低沉下去。老渔夫一边撑船，一边和他们聊天，顺带问了师长是谁，这一问不要紧，一听说是许国璋师长已去世。竟悲痛万分，原来他早就听过许国璋的美名，渔夫说：“许师长为我们老百姓沙场杀敌，怎么这样年轻就去了。苍天不公啊。”说着说着竟流下泪来，小豆子担心老渔夫身体，转而劝了他几句。说话间就到了河对岸，渔夫说再走几步就到了。一进屋，只见一个桌子几张板凳放在屋内，旁边安置了一张简易床。一个老婆婆在屋内的一角生火做饭，灶台上还放着两个红薯，灶台旁边有一只漂亮的老母鸡，毛色鲜亮光滑，鸡冠饱满，一看精气神十足，正在一边咯咯咯地叫着，一边寻找地上的残渣，除此之外，屋内再无其他摆设。老婆婆花白的头发看起来大概有六十多岁了，待人和蔼可亲，一听渔夫说：“老太婆，有客人来了，快多做点吃的。”老人“嗯”了一声，满脸笑容的接待着，忙着去搬凳子、倒茶。战士们一再道谢。

饭间，战士们和老两口聊天才得知。老夫妻的儿女也都和战士们一样，上战场打鬼子去了，只留下两位老人相依为命。小战士问："难道您就不怨儿女吗？"老渔夫深深地叹了一口气，"怎么会埋怨他们呢，他们也是为国家出力，保卫国家的呀。要说埋怨啊，就得算在这战争的头上。你说战争能对谁有力吗？对于谁都是一种巨大的损失啊。你们打鬼子杀敌人，也千万要注意安全。生命最重要啊。"小豆子呵呵地笑着，心想这年长者竟是这般通人情明事理。

饭毕，帮助老婆婆收拾碗筷之后，战士们都劳累了，早早就躺下熟睡了。

第二天早晨，战士们在鸟鸣山悠中醒来。经过一夜的休整，个个精神饱满。这时，他们被一阵香味吸引，看到老婆婆正在屋里忙活，连忙起床去帮忙。屋里如同昨天一样，只是，少了那一只老母鸡。战士们这才反应过来，老两口觉得没什么好款待他们的，便把老母鸡给杀了炖汤给他们补补身体。战士们无言以报，打扫的打扫，砍柴的砍柴，帮助老两口做了尽量多的农活。午间吃饭时谁也舍不得吃那些鸡肉，老婆婆夹了鸡肉给一个战士，一个战士又把鸡肉夹给老渔夫，老渔夫又把鸡肉夹给身旁的战士。这样推来推去，鸡肉和汤都凉了，谁也没有吃过一口。

战士们吃过午饭不得不辞别老夫妇继续赶路，一再叮嘱他们要保重身体，老两口也再三嘱咐战士们要多加小心，注意安全。一定要坚持到抗战胜利的那一天，一起过上好日子。仿佛一大家人临行送别一般温暖亲切。

告别老夫妇之后，战士们又重新踏上归途。期间遇到过毒草、蟒蛇、悬崖、激流、受过冻，挨过饿，还听到过枪响声，但都艰难的挺过来了。等他们路过一座他们曾经歇息过的村庄时，碰巧遇到了那个熟悉的小孩儿——小石头。

小石头依旧瘦骨嶙峋，脸蛋儿上没有血色，还挂着鼻涕，棉袄已经烂了好几个洞，脚下的布鞋也根本不能抵挡冬日的寒风，露出的拇指已经被冻得红肿起来，背上用绳索背了一大捆从遥远的山上拾来的柴火。小豆子喊着小石头的名字。小石头却木讷地看着他们，仿佛看着陌生人一般。小豆子笑着问小石头难道不记得我们啦？不记得我们也该记得许师长啊，就是前年去过你家的许叔叔。小石头这才想了起来，脸上露出了干净纯洁的笑容，那张脸蛋儿如温馨的百合花一样绽放在冬日的阳光里。他急切地笑着问："那叔叔呢，许叔叔呢？"战士们这才沉默了，看着战士们抬着的竹床，小石头似乎明白了什么，飞一般地跑过去扯下盖在许国璋脸上的白布。小石头的笑容瞬间凝固了，眉毛眼睛渐渐耷拉下来，眼泪也不停地往下掉。他站在那里，哭喊着许叔叔。战士们都束手无措，刚准备蹲下来安慰他，他却快速朝家的方向跑去，背上的干柴因为剧烈地晃动而松动，小石头一边跑，干柴一边散落一地。战士们担心小石头出事，都快速跟在他后面。

小石头冲进家门，哭嚎地叫着：“奶奶，奶奶，许叔叔死了，许叔叔死了。”奶奶听到哭声从屋里蹒跚着走出来，听小石头哽咽着断断续续地说了刚刚他看到的一切，奶奶的眼泪也顺着脸颊流下来：“多好的人呐，怎么说没就没了。”这时战士们也赶到了，奶奶见状忙请他们进屋，之后才听战士们把许国璋离世的经过和盘托出。

老奶奶一边听着战士们诉说，一边抹着眼泪。小石头也在一旁很安静地听着，不吵也不闹。他走过去轻轻地坐在许国璋遗体的旁边，看了一眼许叔叔，又望向奶奶，“奶奶，许叔叔说过他还要回来看我们的，可是他现在死了，怎么办呢，他不能和我说话了。”奶奶只得安慰他说：“许叔叔是去另一个世界了，他在另一个世界什么都知道，你要听话，不哭了，以后和奶奶好好的、坚强地生活下去，许叔叔就会很高兴的。”小石头果真相信了，自觉地去准备晚饭。小石头，虽然比前年长高了一点，可也没有灶台高，他端着一根小板凳站在上面才能比灶台高，才能揭开锅盖，煮红薯和野菜。战士们都不忍心看到这祖孙二人如此艰难，便分配任务去做饭、洗衣、砍柴、挖野菜。

当大家都坐下来吃晚饭的时候，小豆子看出小石头的眼里还闪着泪花，便鼓励小石头让他照顾好奶奶，等天气暖和点的时候就搬去邻村，奶奶年纪大了，有邻居也好有个照应。自己也要努力学会坚强成长，以后也去当兵保卫祖国。小石头一听，一时间来了精神，目光坚毅，说哥哥你放心，我一定好好照顾奶奶，等我长大以后一定会去当兵保卫祖国。小战士看到小石头坚定的眼神，心里很欣慰、很踏实。那一晚，他们抱着懂事的小石头安静地睡着了。

翌日，战士们准备再次起程，老奶奶和小石头依依不舍地把战士们送出了一里路才肯回家。这样血浓于水的情谊是有再多的物质也换不来的。

（二）英魂归故里

许国璋的家人早已知道了他牺牲的消息，可是遗体送回的那天，还是伤心地哭成了泪人。早春的成都万物已经开始苏醒，寒风渐渐转向，村口的柳树发出了新芽。这样的春天却是许国璋魂归故里的时刻！村口，春妮拉着长高一头的应康，许父搀着已是泪流满面的许母，身后是神情悲痛的乡亲们。在部队旅长的护送下，许国璋的灵柩渐渐拉进了村子。春妮一看，顿时扑了上去，用因做农活变得粗糙的双手，抚摸着同样粗糙的木头棺材，两行清泪从还年轻的面庞流了下来。应康看着母亲哭了，拉着母亲的手，唤了声："娘！"娘不答应，只顾看着许国璋的灵柩，应康再也忍不住，喊了声：“爹——”，号啕大哭起来。许父走过来，拉着应康，说道：“谢谢旅长一路辛苦，将许国璋的遗体送回。康儿，你父亲是为国捐躯，死得其所，你应该感到骄傲才是。国璋生前，坚强不屈，在日本鬼子面前，从来没有畏惧过、软弱过。康儿，你是他的儿子，也应该如此才对！”应康望着祖父同样悲痛却更加坚毅的面庞，渐渐收住了眼泪，答道：“是，康儿谨遵爷爷的教诲！长大了也要像父亲一样，做个顶天立地的男子汉，做个保卫祖国的军人！”“说得好啊！康儿！”旅长在一旁听了，眼眶也湿润起来，用大手摸着康儿的头，哽咽着说，“你父亲在天之灵听到你这番话，也会安息了！”

这时候，乡亲们都走过来，望着许国璋的遗体，默默地哀悼着。几位大娘在一旁，安慰着许国璋的妻儿父母，村里的长者走过来，对大家说：“乡亲们，国璋从小就聪明好学，长大了带兵打仗，是个有出息的好孩子，是我们全村的骄傲啊！如今，许将军带兵打日本鬼子，为国捐躯，这是为我们全村，为全国牺牲的啊！他是我们全村的英雄。从今以后，许将军的家人，就是我们的家人，我们要好好照顾他的遗孀，他的父母啊！”“对，许将军是我们的英雄，我们更要好好待他的家人！”“对，没错！”大家都随声附和着。许国璋的家人早已哭成一片。

第二天，二十八集团总司令、川鄂陕边区绥靖主任潘文华来到成都忠烈祠为许国璋主持召开隆重追悼会。追悼会上，潘文华念起许国璋将军生前的点点滴滴，对战友，关爱有加；上战场，英勇无畏；大义前，舍生忘死……各界人士均沉痛哀悼着这位可敬可佩的将领。

为纪念许国璋将军，我国著名雕塑家刘开渠为其塑像纪念，与刘湘、李家钰、王铭章的塑像一同屹立在成都市少城公园，称为“四将军像”。41 年后为弘扬其爱国抗战之功，追赠为陆军中将。四川省人民政府追认许国璋将军为革命烈士。